Sus Primeros 90 Dias en el Mercadeo en Red

por

Ángel Olvera

Primera Edición: Diciembre 2016
Impreso en los Estados Unidos de América
ISBN-13: 978-0-9969314-0-3
Publicado por OmediO Corp

Dedico este libro a usted,
porque usted es como yo.

Quiere tener éxito y encontró
una manera de lograrlo...

Y usted se merece tener las
herramientas adecuadas para hacerlo.

Si yo lo hice, usted puede también puede.

AGRADECIMIENTOS

Me gustaría expresar mi agradecimiento a las personas que me han apoyado para conseguir mis sueños a través de estos años. Hubo momentos en que las cosas fueron difíciles, pero con mi familia y amigos empujándome pude lograr mis objetivos, y a todas las personas que me dijeron NO, porque ellas también alimentaron mi fuego. A todos ellos les digo: GRACIAS, por lo que hicieron por mí; sin ellos, no hubiera sido capaz de escribir este libro para ayudar a otras personas a hacer realidad sus sueños.

Mi gratitud también para mi gran equipo, el Grupo Visión y al Dream Team. Sin ustedes quienes han sido entrenados con el sistema de nuestro equipo, no estaría donde estoy.

Ustedes me han ayudado a tener una visión clara.

Tabla de Contenidos

Capítulo 1

INTRODUCCIÓN

Este libro es una guía de lo que sus primeros
90 días en el mundo del mercadeo en red deben ser.
Si usted está leyendo este libro y acaba de
comenzar su viaje en esta industria, ¡bienvenido!.
Esta industria también conocida por sus
expresiones en inglés como Network Marketing o
MLM (Multi-Level Marketing o Multinivel), puede
cambiar vidas y posicionar a usted y a su familia en
el camino hacia la abundancia verdadera. Sus
primeros 90 días en el mercadeo en red son críticos,
porque establecen su forma de pensar, le dan el
combustible que necesita para hacer fuego. Este
libro le ayudará a desarrollar un conjunto de
habilidades que puede duplicar a su organización
para construir un ingreso residual real. A lo largo
de este libro y el sistema que sus líderes han
desarrollado, harán que usted sea imparable.

Si está leyendo este libro y ya ha estado en la
industria por un mes o incluso años, el tiempo que
sea; puede comenzar sus primeros 90 días de

nuevo. Yo recuerdo cuando fui a mi primera convención de la compañía dentro de los primeros 30 días de haber comenzado el negocio; esa convención me impacto tanto que ¡ahí fue cuando me encendí para iniciar!; a partir de ese momento comenzaron mis primeros 90 días en el mercadeo en red. Le decimos a la gente: usted no está en el negocio hasta que vaya a una convención, porque en una convención es donde realmente se ven los que están formando parte en el negocio. No se desanime porque ha sido un año y usted no tiene los resultados que desea; simplemente comience sus primeros 90 días de nuevo, pero esta vez, vamos a hacerlo de la manera correcta.

MI HISTORIA Y EXPERIENCIA

Mi nombre es Ángel Olvera. Crecí en las duras calles de Los Ángeles, California. Yo no vengo de una familia con dinero, pero siempre quise vivir un estilo de vida que muchas personas sueñan. Yo no me gradué de la escuela preparatoria y aún antes de ser adulto, comencé una carrera de carpintería personalizada para la construcción, intercambiando mi tiempo por dinero para pagar las facturas y gastos crecientes de mi familia. Durante esa etapa de mi vida, un compañero de trabajo me presentó un negocio en mercadeo en red... y cambió mi vida. Puse un montón de tiempo y dedicación en ese negocio y a la edad de 23 años, alcancé la segunda posición más alta en la compañía. Logré esto en ¡tan sólo seis meses!. Fue ahí cuando me decidí a hacerlo e irme de tiempo completo, y he sido parte de la industria de las redes de mercadeo desde entonces.

En agosto del 2007, una de mis buenas amigas me presentó una empresa en la industria de la salud y el bienestar. Estaba abierto mentalmente, aunque un poco escéptico... pero tenía que ver lo que ella estaba haciendo. La visión general de la empresa fue la que inmediatamente me entusiasmó, pues nuestra sociedad se había vuelto mucho más consciente de la importancia de la salud, y eso fue lo que fortaleció mi creencia de que la industria de la salud y el bienestar sería la próxima industria de billones de dólares. Permítame decirle una cosa: en los negocios hay que estar en el lugar correcto y en el momento adecuado. Esta compañía estaba en este punto. Tuve que hacer un movimiento. Gracias a esa decisión ahora vivo un increíble estilo de vida, con tanta flexibilidad y libertad; mejor aún, he ayudado a miles de personas a que dejen sus puestos de trabajo y vivan la experiencia de ese mismo estilo de vida. Estoy muy orgulloso de mí y mi tiempo, sobre todo porque al momento de escribir este libro, ¡tengo más de 25 millonarios en mi organización!

Mejorar su salud le permitirá disfrutar de un mejor estilo de vida; ser libre económicamente mientras ayuda a los demás y eso es lo que la red de mercadeo ofrece.

Eso es lo que hizo por mí y puede hacer por usted.

MIS PRIMEROS 90 DÍAS

Mis primeros 90 días en la red de mercadeo fueron diferentes de mis segundos 90 días. Durante mis primeros 90 días todavía estaba trabajando en la construcción, pero quería salir de ese trabajo. Estuve en esa empresa por un tiempo que fue muy loco y sumamente estresante... después estuve involucrado en un accidente automovilístico, hasta que perdí todo y toque fondo; así me quedé nuevamente como al principio. La segunda vez, entendí que tenía que hacer todo bien para que eso no volviera a suceder. Se oyen tantas historias de los productores y los líderes principales de la industria sobre lo que hicieron para tener éxito, que entendí que debía dejar de hacer las cosas que estaba haciendo mal, dejarme entrenar y reaprender, como cuando se reinicia una computadora; los programas corren mucho mejor. Así que tomé mis segundos 90 días como una segunda oportunidad para tener éxito, y también pensé que era mi última oportunidad. Yo ni siquiera tenia suficiente dinero para unirme a la compañía. No le dije a mi amiga que me presentó el plan de la empresa que no tenía dinero suficiente. Acabé cruzando los dedos porque estaba quebrado económicamente, con un sobregiro en mis tarjetas. Fue curioso, yo estaba peor que cuando inicie la primera vez, a los 23 años; había perdido auto, casa...¡todo! Así que me mudé de nuevo a la casa de mi mamá y le tomaba prestado su coche para hacer mi negocio; por supuesto que no se lo dije a nadie. Yo estaba haciendo reuniones en Starbucks, promoviendo con la gente la idea que íbamos a tener éxito, que ESTA ES LA empresa con la que íbamos a subir a la cima. Uno de los problemas era mi teléfono que no dejaba de sonar y mi mamá quería su coche de vuelta mientras yo prometía éxito a las personas; estaba convencido que era la empresa correcta y el negocio correcto. Un día me salí de una reunión para contestar el teléfono, y era mi mamá gritándome que tenía que ir a la tienda y que necesitaba su coche al instante.

Piénsalo; aquí estaba pintando una visión con alguien acerca del futuro de este negocio, la forma de como se puede ser exitoso, cómo nos íbamos a hacer millonarios... regresé de la llamada telefónica para decirles que debía retirarme: porque tenía otra cita de negocios... ¡eso es mentalidad!. Hice dinero el primer par de semanas en el negocio y renté un coche por 30 días. Aunque le dije a la compañía que me lo rento que solo lo necesitaba por una semana;. estaba haciendo reuniones, manejando por los alrededores de Los Ángeles, San Diego y San José, en todo el sur de California. Recibí una llamada de la compañía de la renta de autos y me decían que necesitaba devolver el coche, pero yo les contestaba que todavía lo seguía necesitando y que aceptaba que me siguieran cobrando los días adicionales... ¡Necesitaba el coche!, eventualmente me hicieron presentar el coche en la compañía arrendadora, y tuve que cambiar el coche por otro para que yo pudiera seguir trabajando mi negocio. Así fue mi primer mes en el negocio.

Avancé rápido los primeros 90 días y ahora ya tenía dos coches: El automóvil en renta y mi propio auto Jaguar nuevecito de USD$100,000 que estacioné frente a mi casa también nueva de 5 recámaras. ¡Eso es correcto!; después de haber tenido que vivir con mi mamá y tomar coches prestados, a tener dos coches y una casa enorme en tan solo ¡90 días!. Pero no digo esto para impresionarle, sino para destacar la necesidad e importancia de la acción masiva en sus primeros 90 días. Tuve que pasar por todo esto, mi mentalidad era: O eres parte del negocio o solo eres parte del pavimento, si eliges la segunda opción ¡sal de mi camino!. Increíblemente en esos primeros 90 días, muchas personas me dijeron que NO. Se debió seguramente porque no podían ver claramente hacia dónde iba; si las personas perciben su seguridad en lo que haces, ellos no tendrán miedo en seguirte; pero todo lo contrario puede ocurrir, si perciben que usted no sabe a dónde va, no tiene la mentalidad correcta, entonces nadie querrá seguirlo.

PRODUCTOS VS SERVICIOS

He estado en redes de mercadeo por 16 años, desde el año 2000 hasta Diciembre del 2016. A esto es a lo que más me he dedicado en mi vida adulta.

El primer negocio en que estuve involucrado era una empresa de servicios de telecomunicaciones; ese era un negocio donde realmente no estábamos vendiendo algo tangible, estábamos cambiando los servicios de telecomunicaciones de las personas.

Fue muy fácil al principio ya que teníamos la mejor tarifa de larga distancia en la ciudad; esto era en la época en que las llamadas de larga distancia eran muy costosas. Pero se complicó mucho cuando comenzamos a prestar servicio local, y a medida que avanzaban los años, VOIP (servicios de voz o telefonía por internet) se hizo muy popular y se convirtió en una forma alternativa más barata. Lo que me di cuenta cuando estábamos construyendo el negocio, era que la gente se estaba manteniendo al día con la tecnología moderna de todo. Así las cosas, como reiniciar enrutadores y conectar VOIP en el televisor, que no eran muy difíciles de entender. Eso desaceleró considerablemente el proceso de duplicación, y en la red de mercadeo, es necesario duplicarte tantas veces como puedas. Cuando usted tiene un servicio que es un poco complicado, se crea un cuello de botella. Algunas empresas ahí afuera requieren que usted obtenga una licencia para vender el servicio. Cuando usted piensa en eso, la gente está ocupada. Ellos trabajan toda la semana y no tienen el tiempo, ni siquiera el DESEO de obtener una licencia; y a la gente le gusta que sea sencillo.

Estando en la industria de servicios durante tanto tiempo, estaba condicionado a no tener nada que ver con lociones y pociones. Entonces pensé: "De ninguna manera, no voy a tener un garage lleno de esas cosas, y no voy a manejar alrededor de la ciudad vendiendo estas cosas." Pero después de algunas investigaciones, encontré que la industria de productos es lo que formó las redes de mercadeo. ¡Así comenzó toda esta industria!. Era el negocio más simple y duplicable allá afuera, porque era tangible. Un ama de casa podría compartir fácilmente el producto con alguien. Alfredo el trabajador de la construcción, Joel el empresario, la abuela María ... Todos podían compartir un producto y referir a un cliente. Era sencillo. Y créanme, no quiero decir nada malo de servicios o productos, se puede ganar dinero en la red de mercadeo con cualquiera de ellos. Pero lo que encontré acerca de la industria de los productos, es que los márgenes de beneficio son tanto más altos que la industria de servicios, lo que conduce a tener mayores ingresos residuales. En servicios, usted es el intermediario y está recibiendo una pequeña comisión que será pagada a usted. Pero con productos teniendo mayores márgenes, la compañía paga más para el plan de compensación.

Lo más interesante para mí sobre los servicios es que mientras yo trabajaba con la otra compañía, nunca había alguna persona que me llamará emocionada, sobre la cantidad de dinero que ahorraban en su factura del teléfono y como ellos ahora pueden enviar a sus hijos a Universidades de prestigio; pero en la industria de productos, mis líderes y yo recibimos llamadas todo el tiempo, de personas que lloran de felicidad por los grandes beneficios recibidos por el producto: que ya el dolor esta desapareciendo, ayudando con la artritis, y cómo su madre puede sentir sus pies otra vez. Al principio, no creía que esto fuera real, pero cuando vi los productos trabajando en mi propia familia y en mi mismo, supe que esto era poderoso. Y solo una vez que usted comparte un producto de gran calidad con alguien, que lo pruebe, sienta el efecto y que cambie su vida, nunca van a parar de tomar el producto; como resultado usted tendrá un cliente de por vida. Y cuando un miembro de la familia se entera que ha ayudado a otro familiar de ellos con un producto que los hizo sentir mejor, usted ni siquiera necesita promover el producto, él se ha promovido por si solo. He visto las personas que eran sólo consumidores del producto, entraron en el negocio y crearon sus ganancias de +$15,000 dólares mensuales porque creían mucho en el producto. Esa es la mayor diferencia entre los servicios y productos, pero como he dicho antes, usted puede hacer dinero con los dos, ¡yo prefiero productos!

Capitulo 2

POR QUÉ

Uno de los aspectos más importantes es su Por Qué, ya que su Por Qué va a depender de la posición en la que se encuentre en su vida; es tal su poder que en este negocio, nosotros decimos que si su Por Qué no lo hace llorar, se debe a que no es lo suficientemente grande; lo tiene que hacer llorar, usted tiene que derramar una lágrima cuando piense en ello. Yo atravesaría muros por cumplir mi por qué, y podría despertar en las mañanas con el fuego dentro de mi; eso es lo que lo pondrá en movimiento y hacer que vaya emocionado todos los días a la conquista de ese Por Qué. Nada será sencillo, encontrará algunas personas negativas por ahí (ej. los enemigos) o simplemente personas con una óptica diferente que lo ignorarán o se burlarán de usted, así que tome esa negatividad y úsela como combustible que sea capaz de encenderlo para lograr su Por Qué. Le sugiero eso porque es exactamente lo que yo hice, tomé toda la negatividad de la familia, compañeros de trabajo, amigos y toda la gente que creyó que esto no iba a funcionar, y alimenté mi fuego, no me di por vencido y continúe adelante. Por eso le digo, que aquellas personas que fueron en aquel momento negativas ya no lo son más - eso es seguro. Lo mejor que puede hacer y le sugiero que haga para que pueda ver realmente lo que su Por Qué es, siéntese y hágase preguntas hasta que usted empiece a llorar. "¿Por qué estoy haciendo este negocio?¿Por qué quiero tener mucho dinero?, ¿deseo enviar a mis hijos a los mejores colegios?..." Este último fue sin duda parte de mi Por Qué. Ahora sígase preguntando por qué usted quiere lo que está pensando; y cuando sus ojos estén llorosos y la voz temblorosa, ahí lo tienes.

También, elabore un Tablero de Sueños; que consiste en una representación tangible de lograr un objetivo a gran escala. Tome una fotografía de su familia y ponga esa imagen en unas vacaciones como desearían vivirlas, vaya a la casa en la que desearía vivir y tome una foto de ella, vaya a conducir el auto de sus sueños y tómese una foto dentro de él. Con la tecnología actual, usted puede crear su 'Plan de sus Sueños', mientras va en el camino ¿Alguien quiere fotos en un Ferrari?.

Póngase en la situación que quiere estar y atrévase a soñar; visualícese manejando ese auto que tanto anhela; Yo lo hago todo el tiempo y continuo haciéndolo hasta hoy. Esta bien soñar, sólo anótelo en algún lado: ponga a su familia en ella. Ese es su Tablero de Sueños. Una vez que se tiene el plan, entonces usted puede comenzar a cumplirlo. Cuando cumpla su tablero de Sueños, ¡Haga uno nuevo! y mírelo nuevamente todos los días, y esos sueños también se harán realidad, se lo digo por mi propia experiencia, así se hicieron realidad para mí.

MI POR QUÉ

Mi Por Qué es diferente ahora de lo que era la primera vez cuando comencé en la industria. En diciembre del año 2000 me inicié en las redes de mercadeo; pero ya tenía un Por Qué, que era salirme de mi trabajo. Tenía 23 años de edad; trabajaba en construcción, y sólo quería encontrar como diablos salir de ahí. A los 16 años de edad tuve mi primer hijo y quería darle la mejor calidad de vida, para eso solo deseaba hacer más dinero. Trabajé extremadamente duro en ese trabajo, como se diría en lugar donde vivía, dejando hasta mi trasero; pero no pude tener el estilo de vida que yo anhelaba. Quería vivir "un estilo de vida grandioso," me soñaba manejando carros de lujo, vistiendo los mejores trajes y no ensuciarme todos los días como lo hacía trabajando en la construcción. En el comienzo ese fue mi Por Que, vi el potencial y la magnitud de lo que el mercadeo en red podía hacer por mí. Primero vi que dejaría mi puesto de trabajo y la posibilidad de trabajar desde casa, la de convertirme en multi-millonario, ayudar a mi familia y me di cuenta que podía ayudar a otros hacer las mismas cosas. Eso es lo que me entusiasmó sobre esta industria. Como no tenía mi diploma de la escuela preparatoria, no tenía muchas opciones. Esto era perfecto para mí. A la red de mercadeo no le importa cuál es su grado de educación escolar, cual fue su pasado, o cuál fue su carrera, eso no importa. Lo qué importa es el trabajo duro, la dedicación y motivación; con esto, usted puede llegar a ser exitoso.

A medida que crecía en el negocio y generaba experiencia, las cosas comenzaron a cambiar y mi Por Qué se hizo un poco diferente. Cuando estuve en mi primera empresa, ciertas situaciones comenzaron a pasar, sus políticas y algunas cosas no iban a mi manera y empecé a perderlo todo. Y como dije antes sufrí un accidente de automovilístico y durante 6 meses no pude trabajar, así que realmente había perdido todo, hasta ese momento. Aquí estaba yo, a pesar de que había dejado mi trabajo y me fui de tiempo completo en el mercadeo en red, perdí todo lo que ya había logrado. Por ese tiempo fue cuando mi amiga me llamó para platicarme acerca de una empresa de la industria de salud y bienestar, yo estaba totalmente negativo, pues ya estaba en una empresa de servicios y nunca antes quise vender lociones o pociones, pero respetaba a mi amiga. Ella estaba teniendo mucho éxito por lo que había visto en la empresa, y allí estaba otra vez, comenzando todo de nuevo y volviendo a desarrollar nuevamente mi Por Que. Mi nuevo Por Qué era subir a respirar. Salir de la deuda, Arreglar mi crédito. Pagar mis impuestos.

Seis años más tarde, mi POR QUE cambió de nuevo. Conocí a mi esposa y ahora tenemos 2 hijas y mi hijo. Yo quería darles A ELLOS la mejor vida que pudieran tener. Eran el nuevo motor de mi vida, quería que mis hijos tuvieran la mejor educación, quería darle a mi esposa la boda de sus sueños. Mis padres habían estado luchado, y en automático quería ayudarlos. Mi papá trabajó toda su vida y mi mamá se dedicaba al cuidado del hogar. ¡Deseaba ayudar a TODA mi familia!.

Así que recuerde, su Por Qué debe generar la fuerza necesaria que mueva su negocio. Si usted ha hecho un negocio como esté, no llegó adonde quería y renunció, es porque no tenia una razón lo suficiente grande debajo de usted para mantenerse en marcha. Su Por Qué es la razón para hacer esa reunión, para conseguir esa llamada, para llegar al evento internacional a 4,000 millas de distancia. Está bien si su Por Qué cambia de vez en cuando, sólo tiene que estar ahí para guiarlo a través de todos los ¡NO! de las personas, el rechazo, la política, los cambios en el plan de compensación de la empresa, las ocasiones que el sitio web está caído... Mi por qué me ha llevado a través de eso y muchas adversidades más, muestra lo poderoso que es tener definido su Por Qué.

Si su por qué no lo hace llorar, entonces no es lo suficientemente grande.

SU HISTORIA

Su Por Que y su situación crean su historia. Su historia por sí sola podría ser la razón principal por la cual las personas se involucren en su negocio. En la mayor parte de la vida, pero sobre todo en las redes de mercadeo, las historias venden. Usted podría pasar una hora con alguien explicando cómo es de impresionante su plan de compensación o cuán grande es su gusto por su producto, pero terminarán diciendo que no, porque no pueden relacionarse con él.

Historias crean una relación entre usted y sus prospectos, y entonces usted y su equipo. He escuchado de muchos miembros de mi equipo contar mi historia acerca de haber sido expulsado de la escuela preparatoria y cómo ahora vivo mi vida enseñando a otros a convertirse en millonarios, los ha inspirado. Varios miembros del equipo se motivan y piensan "¡Oye, si mi líder lo hizo!, ¿por qué no puedo hacerlo yo?" Mi empresa ha creado un video sobre mi historia personal y cómo la red de mercadeo ha cambiado mi vida; y ya son miles personas que lo han visto con interés.

Entonces, su historia no permanece igual para siempre, un día vas a añadir "y luego me convertí en un millonario". Tengo muchas maneras diferentes de contar mi historia dependiendo de qué grupo de personas a quienes lo estoy presentando, pero la esencia sigue siendo la misma. Y eso es lo que usted necesita establecer y no perderlo de vista. Si lo encuentro a usted en la calle y le preguntó: "¿cuál es su historia?", ¿tendría algo listo para decir?, ¿me podría mantener interesado?. Mi recomendación es que anote usted su historia y aprenda a contarla a alguien en un minuto.

Por supuesto, el hecho que su historia no tenga que ver con explosiones o pilotear un avión, eso no significa que no sea ¡una gran historia!. Digamos que es usted una madre soltera criando a dos niños ... ¡Eso es una gran historia¡ Use sus dificultades, sus obstáculos, la negatividad en su vida, utilice todo para desarrollar una historia.

Usted nunca sabe cuando alguien estará sentado en una habitación pasando por las mismas cosas que usted ha pasado.

Utilice el siguiente plan de tus sueños como punto de

partida para su tablero ideal. Rellene las áreas con los

sueños que quiere lograr para usted y su familia. Cuando

haya terminado, asegúrese de hacer una versión mas

completa con imágenes y ponerlo en un área de su casa

que sea de su trayecto frecuente de tal manera que pueda

mirarlo ¡cada día!.

PLAN DE TUS SUEÑOS

Escriba un sueño que ha relacionado con la
tema en el cuadro. Recuerde hacer una grande después
con fotos! (una imagen de un Ferrari en **diversión**)

negocio	riqueza
salud	familia y amigos
diversión	objetivos que dan miedo

Capítulo 3

METAS

Las metas son algo que usted desea alcanzar en un determinado plazo, pueden ser a corto plazo, a mediano plazo, a largo plazo, y súper largo plazo; dependiendo de su complejidad para lograrlo. Ahora bien, regularmente con el logro de las metas a corto plazo se van construyendo las metas de mediano y largo plazo, y así sucesivamente. Una meta alimenta su Por Qué y lo hace más sólido, se podría decir que es el lugar donde deseamos estar. Una meta en este negocio es algo como: "Quiero alcanzar un rango" o "Quiero ser un Vicepresidente Regional". La fijación de las metas es tan importante. Las personas de mayor éxito en el mundo establecen metas muy claras. Si no tiene un objetivo claro, ¡usted jamás llegará a alcanzar nada importante!. su meta puede ser pequeña o grande como quiero alcanzar este rango/ posición en mi primer mes o algo mucho más grande como quiero que mi equipo sea "así" de grande o dimensionar una gran cantidad de volumen para mi equipo, y logarlo en determinado tiempo. Su meta puede ser, hacer su negocio de tiempo completo y dejar su trabajo actual; ¡Eso es enorme! que usted pueda dedicar todo su tiempo para dedicarse a su propio negocio. Si usted tiene un programa de auto, no lo dude ¡obtenga ese coche!; eso hará muy atractivo su negocio, las personas lo están observando a usted y si sigue alcanzando esas metas, las personas se convencerán con sus resultados y si observan hechos, su presentación será más convincente. Muchas personas se unirán a su negocio tan pronto como lo vean a usted alcanzar sus metas. Ellos literalmente están esperando que usted obtenga su auto, que alcance ese rango que le dará un buen nivel de vida. Es por eso que establecer los objetivos es tan importante. Por ello recomiendo, escríbalos y póngalos donde pueda mirarlos todos los días; conozco algunas personas que escriben sus metas y las colocan cerca de su cama para que eso sea lo primero que vean al despertarse diariamente. Por otra parte, si usted esta casado y/o tiene hijos, establezca metas JUNTO con su familia. Si piensa que únicamente usted está involucrado en este negocio, no es así; su familia ya está involucrada, porque cada vez que usted está haciendo reuniones, atendiendo entrevistas y sacrificando su tiempo con ellos, hágalos sentir también emocionados formando parte de sus resultados en su negocio. Lo que digo a mis líderes es que establezcan sus metas con sus hijos, creando compromisos con ellos, dígales: " Miren niños, cuando alcance este rango, vamos a ir Disneylandia y ustedes podrán hacer lo que deseen", siempre que esa sea su mayor ilusión. De esta manera usted mantiene su familia unida a su meta pero con el compromiso de rendirles cuentas. Una cosa es ser responsables con sus lideres, pero otra muy distinta rendir cuentas a un niño de 5 años de edad, cuando le pregunta "¿Cuándo vas a ser un Diamante? ¡Ya quiero ir a Disneylandia!", esa es la mejor rendición de cuentas en el mundo, decirle a un niño la verdad y dar todo su esfuerzo para conseguir esa meta. Yo le aconsejo que haga esto: establezca sus metas y hágalas alcanzables, así que asegúrese de no establecer metas extravagantes e irreales. Si se establecen metas inverosímiles que si usted no las alcanza, ¡tendrá que renunciar en su primera semana!. Ahora, si sus metas son razonables pero le quedan cortas, sólo ajústelas un poco; pero siempre mirando hacia la cima. Y si usted alcanza su meta, duplíquelo o dicho de otra manera, establezca una meta más grande. ¡Yo hago eso! Tengo metas que alcanzo, pero luego tengo que ajustarlas. Lo importante es no trabajar sin establecer esas metas.

Utilice las siguientes paginas para ayudar planificar

algunas metas le presento tres cuestionamientos

básicos para que con responsabilidad establezca las

metas ¡usted mismo!. Defina ¿Cuál es la meta que

desea alcanzar? Y para ello solo responda: ¿Qué?

(Desea lograr), ¿Como? (va a llegar a ella) y

¿Cuándo? (pretende alcanzarlo)

QUÉ?	CÓMO?	CUANDO?

METAS DIARIAS

QUÉ?	CÓMO?	CUANDO?

METAS SEMANALES

QUÉ?	CÓMO?	CUANDO?

METAS MENSUALES

	QUÉ?	CÓMO?	CUANDO?
METAS ANUALES			

	QUÉ?	CÓMO?	CUANDO?
METAS PERSONALES			

	QUÉ?	CÓMO?	CUANDO?
METAS CON FAMILIA			

Resumen del Capítulo

- Una meta es algo que desea alcanzar.

- Debido a que las personas lo están observando, usted debe emplearse a fondo en alcanzarlas y siga adelante en el logro de esas metas, eso significará mayor éxito para mostrar a otros que es posible.

- Habrá personas que se unirán a su negocio antes que usted alcance esas metas, pero otras literalmente lo estarán esperando.

- Establezca metas con su familia para maximizar su motivación (un niño le recordará TODOS LOS DÍAS que debe alcanzar el próximo rango).

- Si no quiere fracasar, no se genere metas descabelladas, por que de lo contrario, usted renunciará en su primera semana en el negocio.

- Por ello ¡Fíjese metas realistas!

Capítulo 4

MENTALIDAD

Cuando se involucra en este negocio, su mentalidad debe que ser 100% fácil de entrenar, es decir ser couchable. Los lideres en su línea ascendente tienen un sistema, conocen el negocio, y por su experiencia saben exactamente lo que va a pasar en el camino. Ellos saben cómo va a ser su familia, cómo van a reaccionar sus amigos, y básicamente todo lo que va a pasar en sus primeros 90 días. Ellos conocen el proceso y yo también porque ya lo viví, no es nada diferente a lo que ya pasamos. Confié en su líder, sea fácil de entrenar, él le ayudará a forjar su propia manera de pensar. En este negocio, usted debe pensar a largo plazo, no busque hacerse millonario de la noche a la mañana, esto no es un esquema para hacerse rico rápidamente, este es un negocio de mercadeo en red, traducido de la expresión NetWORK Marketing y es llamado así por alguna razón, desde su definición implica trabajo. Sí, su línea ascendente tiene un sistema que saben que funcionará si es duplicado al equipo... pero no hay forma de evitar trabajar en el negocio... ¡Usted tiene que hacerlo!. También es cierto, que algunas personas pueden alcanzar el éxito más rápido que otros, pero usted debe tener una mentalidad de largo plazo, porque este negocio es una montaña rusa emocional; usted tendrá días buenos y tendrá días malos, va a tener gente positiva y tendrá gente negativa. ¡Por supuesto que así será! ¡Así es la vida!

Cuando se involucra por primera vez en su negocio, ¡usted estará emocionado!. Acabando de salir de una reunión casera o presentación de negocio y usted se siente estupendo; va manejando a casa llama a su mamá y le dice: "- Oye mamá, vas a ser mi primer cliente", y ella le responde "-¿Qué estás loco? -¿En qué te estás involucrando? - ¡Consigue que te devuelvan tu dinero¡, - ¡yo no quiero tener nada que ver con eso!". Usted piensa, "espera un minuto, si mi mamá no va a ser mi cliente, entonces nadie va aceptar ser mi cliente! Mi madre haría cualquier cosa por mí, ¿Qué estoy haciendo? ¡esto es una locura!" Así que le llama a su patrocinador y le dice: "- No sé si tome la decisión correcta involucrándome en esto... ¡ni mi mamá quiere ser mi cliente!", ya en ese estado emocional de confusión, ahí está lo que llamo la montaña rusa emocional. Ahora esta usted hasta abajo, pero su líder que sabe que esto podría ocurrir y comprende la situación que usted atraviesa, entonces le dice: "Vamos a realizar una reunión en casa y lograremos personas interesadas se firmen en su equipo." Ahora nuevamente ¡está emocionado!. Y usted llama a 30 personas y le aseguran que van a llegar a la cita ¡seguro!; así que llega el día de su reunión, son las 07:30 PM en un martes, su líder y usted están listos en su casa... y nadie llega. Se pone usted a hacer llamadas a sus invitados como loco, para saber si alguno atenderá la cita, pero ¡nadie está respondiendo!. Usted dice: "- Mi líder, yo no creo que este negocio sea el adecuado para mí", su líder nuevamente le tranquiliza y le dice: "Está bien, programaremos otra reunión, no te preocupes por eso", su líder se va... y entonces suena su teléfono, es uno de sus prospectos; "Oye amigo, lo siento mucho pero íbamos todos juntos manejando en caravana a tu casa y a alguien se le pincho una llanta y todos tuvimos que parar en la carretera para apoyar; pero Oye, no necesitamos ver tu presentación, vamos hacer tu negocio. Incluso el chico de la grúa quiere hacerlo también." Hace un momento estaba tan deprimido y ahora está tan emocionado, que se siente ¡fuera de su mente! Así que todos aquellas personas se unen a su negocio, y luego una semana más tarde, todo el mundo va en al Programa de Testigo Protegido o algo parecido, porque de repente no se puede comunicar con NADIE. Y ahora estás abajo nuevamente; su estado de animo se encuentra arriba y abajo, arriba y abajo. El mejor consejo que le puedo dar a usted es quedarse a un nivel intermedio; es decir, no vaya demasiado alto y tampoco vaya demasiado bajo en esta montaña rusa. Y recuerde, usted no está vendiendo a la gente hacer el negocio, usted esta clasificando. Los aficionados o amateurs venden en este negocio, los profesionales clasifican.

Cuando usted habla con las personas, se va a encontrar con tres tipos: las personas positivas, personas escépticas, y la gente negativa. No prejuzgamos a nadie, nosotros compartimos el negocio, compartimos la oportunidad, y ellos se deciden que tipo de personas son. Su mentalidad debe ser salir y compartir la oportunidad con TODO EL MUNDO y ver donde se ubicará cada persona.

Tener pensamiento a largo plazo, ser fácil de entrenar (ser couchable), y entender que su líder ascendente (upline) puede ayudarlo a evitar muchas de esas cosas que en el comienzo son un poco frustrantes, PERO usted tiene que saber escuchar. Si usted es como yo la primera vez y no escucha, tome mi consejo: mantenga la calma y escuche a su líder, ya que el/ella lo mantendrá en un nivel manejable. Cuando empecé, yo era un poco más duro, crecí en un entorno muy difícil, pero en mi cabeza, este negocio era todo. Este negocio era MIO. Cuando personas fueron negativas, pensé que estaban ¡locos!. Cuando obtuve respuestas negativas y la gente me dijo que no, realmente me sentía ofendido. ¡No lo entendía!. ¿Qué le pasa a estas personas?, ¡esta es la mejor oportunidad en el mundo!. Yo no entendía que eran ellos y no yo. Así que en el comienzo, mi forma de pensar fue: "Voy a hacer esto suceda con ellos o sin ellos. Si mi familia y mis amigos no quieren hacer esto, me voy a encontrar extraños que si lo hagan". Si va a ser, me toca a mí hacerlo, esa fue siempre mi mentalidad. La clave de este negocio es tener una mentalidad fuerte.

Resumen del Capítulo

- Ser fácil de entrenar (ser couchable) .
- Esto no es un esquema para hacerse rico rápidamente.
- Establezca metas a largo plazo para un negocio a largo plazo.
- Mantener el nivel emocional intermedio.
- Los aficionados venden, los profesionales clasifican.
- Hay 3 tipos de personas: Las personas positivas, los escépticos, y la gente negativa.
- No prejuzgue a nadie

Capítulo 5

LISTA DE PROSPECTOS

Cuando esta comenzando el negocio, lo primero que tiene que hacer es una lista de 100 nombres, números de teléfono y correo electrónico, de ser posible. Su lista debe consistir de amigos, familia, compañeros de trabajo, conocidos, parientes lejanos, a todos los que se pueda imaginar. Incluso si usted no tiene su número de teléfono escriba solo el nombre y después consiga el número; esta lista es oro molido para usted, porque es todo lo que necesita para construir su negocio ya que nunca se sabe para quién es este negocio o para quien no es. Una vez que usted tenga o cuente ya con esa lista, cuando comience a ponerse en contacto con la gente, va a conseguir tres tipos de personas: va a obtener manzanas rojas, manzanas verdes y manzanas podridas.

Las manzanas rojas son gente positiva. Son el tipo de la gente que llama: " - Oye, estoy organizando una reunión en mi casa el próximo martes a las

07:30 PM y me gustaría que vinieras... ¿Puedes venir?". Las manzanas rojas contestarán "Si puedo ahí estaré, ¿Puedo llevar a otros invitados? ¿Necesitas que lleve algo?"; Para este tipo de manzanas, no hay ningún problema, ellos estarán ahí.

En esa lista que usted elaboró los que sean manzanas verdes le harán preguntas cuando usted les llame: quizá puedan decir: "- ¿Qué es esto?¿De que se trata?", pues bien, esto pudiéramos compararlo cuando invitas a alguien al cine y le preguntan: "¿Qué película vamos a ver? ¿Quién escribió el guión la película? ¿Quién la produjo?", y usted piensa, ¿¡qué diablos es esto!? Solo lo que hice fue una invitación preguntándole si quería ir a ver una película y me esta haciendo un examen con todas estas preguntas; y si, en realidad las manzanas verdes, querrán ver que tanto sabe usted y de su respuesta depende que se hagan manzanas rojas o manzanas podridas.

Entonces, esta perfectamente claro que hay manzanas podridas en la lista, éstas podemos clasificarlas en dos grupos las okay y las no-okay. El primer grupo de manzanas podridas le dirá: "Mira, yo veo lo que estás haciendo, pero no me interesa, yo estoy bien donde estoy, me va bien en la vida; pero, ¡de verdad, te deseo la mejor suerte!". Yo respeto la gente así, pero tenga cuidado con el segundo grupo de manzanas podridas los no-okay, porque ellos son verdaderamente negativos, sabemos de antemano que hay personas muy negativas ya que trataran por todos los medios de tirarlo para que no continúe con su negocio y tenga éxito. Usted puede identificarlos fácilmente porque al llamarles por teléfono le contestarán algo como esto, "¡Oh, Dios mío!, qué se metió en una de aquellas cosas, ¡No lo puedo creer!", Luego se dan a la tarea de contarle a todo el mundo lo que usted esta haciendo. Y lo que más me parece sorprendente de esto, es que la mayor parte es gente que económicamente no están bien y no están contentos con su situación, pero no se atreven a hacer este negocio. Usted está tratando de hacer algo con su vida, tratando de alcanzar el éxito y ellos trataran de desestabilizarlo, porque no tienen soluciones para ayudar a su familia, y piensan hacerlo por ellos mismos, o nadie más... Dicen que la miseria ama la compañía, también odia perderla. Con esto quiero decirle que si usted compra la opinión de alguien, usted esta comprando su estilo de vida; tenga cuidado a que tipo de personas esta escuchando. Cuando encuentre en su lista una persona negativa, simplemente déjelos ser y no se desgaste, cambie de tema, no vale la pena confrontarse. Recuerde: los aficionados venden, los profesionales clasifican. Con la clasificación de su lista usted encontrará las personas que quieran esta oportunidad.

Otra razón importante por la que usted tiene que hacer su lista tan grande como sea posible, es por que quizá algunas personas que usted consideró, ya están en la lista de otra persona. Usted no es la única persona que sabe de estas personas, otras personas tienen su gente en común con usted. Si viera cuántas veces he estado en una presentación en la que dos personas diferentes viviendo en la misma casa conocen el mismo prospecto; en ese caso uno dice al otro, " - ¿qué estás haciendo aquí?" responden, " - Oh, tal y tal persona me invitó." Entonces usted dice " - Oh hombre, yo iba a llamarte", y obviamente las caras parecen que vieron un fantasma cuando vieron a esa persona ahí y más aún si esa persona se inscribe y tiene éxito... y ahora tendrás que verlo en cada evento. Ese posible prospecto pudo haber sido su dentista o su médico... pero usted no le llamo. Así que alguien lo puso en su lista, y llamó primero.

Nunca prejuzgues a nadie, no lo descarte, no crea que la gente tiene demasiado éxito en su vida para hacer este negocio o no es lo suficientemente exitosa; quizá esa persona pueda ser el líder que usted busca en su negocio. Y tome en cuenta que sus prospectos están en todas las diferentes categorías de la vida. Va a encontrarse con personas que hacen un montón de dinero, pero no tienen tiempo (y honestamente, ¿cuál es la utilidad de hacer todo este dinero si usted no tiene tiempo?); pero también encontrará la gente que tiene una gran cantidad de tiempo y sin dinero; incluso habrá personas que no tienen tiempo, ni dinero.

Concretamente estoy tratando de decirle que, las personas se involucran en este negocio por diferentes razones: ya sea por tener más tiempo o más dinero; por eso no tienes que descartar a nadie y ofrecerles este negocio a todo el mundo. Esto que voy a decirle es importante, no tome la oportunidad y trate de forzar u obligar a otra persona a tomarla, deje que ellos conozcan y evalúen su oportunidad y tomen con libertad su decisión para que motivados asuman sus retos.

Por lo tanto, le recomiendo haga su lista tan grande como sea posible, con un mínimo de 100 nombres y siempre vaya por más. Se dice que los chicos de 21 años saben 2000 personas por nombre y apellido. Si usted hace una lista, en realidad escríbalo - no en su teléfono móvil o el ordenador, anótelo - esta lista es su éxito. Cuanto más grande sea la lista, más grande será su oportunidad de tener el éxito que desea.

Es curioso, mi experiencia me enseño a escuchar al líder; cuando inicié yo sólo puse como a quince personas en mi primera lista, y eran personas con las que me sentía más cómodo, los conocía y creía que harían el negocio porque yo les pedía que lo hicieran. Ahí estaba yo, pegando la llave en el socket eléctrico de nuevo. Es por eso que decimos que sea fácil de entrenar, que sea couchable. Yo necesitaba hacer una lista más grande, quince personas no es nada, logro llamar esas quince personas, y ¿luego qué?, ya no tienes personas con quienes trabajar; pero después de sentarme realmente enfocado a pensar en la gente que en realidad conocía, fácilmente hice una lista de 200-300 personas, no tenia los números de nadie, esos detalles los conseguiría mas tarde. Incluso anoté a los amigos de mis padres y a los compañeros de trabajo de mi padre, pues yo los conocía y ellos a mi; en esto debe consistir su lista. Empecé realmente pensar fuera de la caja y ampliando verdaderamente mi lista, lo que es sorprendente es que algunas de las personas que menos me conocían, fueron los que tenían la mente mas abierta, y acabando de ver el negocio emprendieron conmigo y muchos éxito; en cambio, algunas de las personas que estaban muy cerca de mí y que pensé serían perfectos para este negocio, algunos aún no han iniciado, y continúan en su mismo nivel y ritmo de vida. Así que nunca sabe, los que piensa que lo harán, no lo harán; y los que piensa que no lo harán, lo hacen. Y eso no lo pude comprender hasta que hice mi lista lo suficientemente amplia.

Resumen del Capítulo

- Haga una lista de 100 nombres y números.
- Identifique los tres tipos de personas: las manzanas rojas, manzanas verdes y manzanas podridas: los okay y los no-okay.
- Cuando usted encuentre una persona negativa en su lista, simplemente dejerlos ser y cambie el tema. No vale la pena desgastarse.
- Su lista, también puede ser la lista de alguien más.
- No asuma que la gente tiene demasiado éxito para
  hacer este negocio, o que no es lo suficientemente exitosa.
- No tome la oportunidad y trate de forzar u obligar a otra persona a tomarla, deje que ellos conozcan y evalúen su oportunidad, y tomen con libertad su decisión para que motivados asuman sus retos.
- Cuanto más grande sea la lista, mas grande será su éxito.
- Los que piensa que lo harán, no lo harán; y los que piensa que no lo harán, lo hacen.

Capítulo 6

EDIFICACIÓN

Realmente no entendí lo poderoso que era la edificación cuando empecé. En el área donde crecí, cuando se hablaba bien de alguien, denotaba debilidad; por eso a mí me costaba mucho hablar bien de alguien. Construir el prestigio de una persona, en este negocio es edificación. Yo trabajaba en el mundo de la construcción, que es un ambiente pesado y muy negativo, ahí nunca hablábamos bien de nadie; por ello, realmente no comprendía esa idea de edificar, sentía que no iba conmigo. No podía entender la edificación y lo poderoso que era, al hacerlo le daba poder a mi líder y motivación a mi equipo para la acción. Cuando lo descubrí y logre entenderlo muy bien, fue ¡increíble!.

Y por supuesto, cuando edifique a su líder, nunca mienta, solo resalte las virtudes reales y comparta las cosas buenas que a hecho su líder, con eso es suficiente. Una recomendación importante, cuando intente edificar a su líder, no diga cosas como: "este es mi amigo" ya que no va a aparecer como su amigo, con un sombrero y pantalones cortos o pantalones de corte vaquero, ellos van a asistir como sus socios de negocios y se presentan como han sido edificados. Cuando comencé a edificar a mi líder, llegó al grado en que mi equipo fue capacitado, así, este negocio se hizo más FÁCIL. Definitivamente, el líder se da cuenta cuando ha sido debidamente edificado por el tipo de recepción, es decir por cómo el prospecto reacciona cuando se presenta ó como le dan la bienvenida en una llamada telefónica. Cuanto más edifique y respete a su líder ascendente, mayor respeto obtendrá de su prospecto. Hay que dejar perfectamente claro: la edificación no es para el ego de su línea ascendente; reitero, nos sirve para poder mover a su prospecto a la acción. Veamos la diferencia, si usted dice: " - Mi cuate Ángel es quién te va a dar la presentación". ¿Que van a pensar tus prospectos?, pero si usted dice, "Escucha, tengo a uno de los altos ejecutivos en el mundo y vendrá a mi casa para mostrarte el negocio, sé que realmente necesitas saber de esta información". Y su líder de su línea ascendente aparece vestido como un ejecutivo, ahora observe la reacción de su prospecto y pregúntese "¿Que va a pensar ahora?". Para mayor formalidad a su negocio su líder o a quien usted este presentando, se presenta verdaderamente vestido como un ejecutivo y usted lo ha edificado de la manera correcta, va a construir la credibilidad de su líder y su negocio para que el mensaje sea más efectivo con sus prospectos.

Aquí hay algunos ejemplos para edificar a su patrocinador o líder... Si su línea ascendente tiene un guión específico, por favor úselo y observe como es que ¡funciona en su organización!. Reemplace las áreas subrayadas para reflejar los rangos/niveles de su empresa.

NUEVO LÍDER (EN RANGO BASICO)

"Esta persona ha ascendido a una de las primeras posiciones en la empresa, siguiendo nuestro sistema que asegura su éxito. Somos muy afortunados de tenerlo aquí para enseñarnos cómo podemos hacer lo mismo. Permítanme presentarles al Sr/Sra. _____ "

LIDER CON UN RANGO INTERMEDIO

"No sólo esta persona ha tenido éxito siendo promovido a la # POSICIÓN DEL RANGO INTERMEDIO, en esta posición de la compañía el/ella ha ganado buenos ingresos, ha sido mentor y ha ayudado a otras personas a tener éxito. Este tipo de lideres dedicándose de tiempo parcial, han sido capaces de hacer lo que la mayoría de nosotros generamos en nuestro trabajo de tiempo completo. Permítanme presentarles al #RANGO el/la Sr/Sra. _____ quien nos enseñará cómo podemos hacer lo mismo. "

LIDER INTERMEDIO-ALTO

"¡Esta persona es líder de líderes! Ha ganado una posición dentro de LA COMPAÑIA, donde sus ingresos mensuales son similares a lo que la mayoría de la gente gana en un año. Ha ascendido dentro del plan de compensación y ha dado mentoría a otros para tener éxito dentro de nuestro sistema. Está aquí para enseñarnos cómo podemos tener alternativas y opciones financieras, ya que son ejemplos vivos de éxito en SU EMPRESA, por favor, permítanme presentarles al #RANGO el/la Sr/Sra. _____ "

LÍDER CON MUY ALTO RANGO

"Tenemos el privilegio de escuchar hoy a esta persona que ha GANADO una de las posiciones más altas en LA COMPAÑIA. Son RANGOS que se han documentado, se encuentran en el 1% de los mejor pagados en el mundo. Ellos son elegidos para expandir y desarrollar la próxima ola de líderes y equipos a nivel nacional e internacional con SU COMPAÑIA. Con organizaciones tan grandes como la de ellos, somos afortunados de tener un poco de su tiempo con nosotros para compartirnos su experiencia y conocimiento, y mostrarnos todo lo que SU COMPAÑIA tiene que ofrecer. Por favor, permítanme presentarles al #RANGO el/la Sr/Sra. _____ "

Resumen del Capítulo

- Cuanto más edifique y respete a los lideres de su línea ascendente, su prospecto lo hará con usted.

- La edificación de nuestros lideres a veces nos incomoda, pero cuando lo aprendemos a hacer correctamente, este negocio se vuelve fácil.

- Si le cuesta trabajo edificar a su línea ascendente, aprende a hacerlo usando los guiones propuestos.

- Su línea ascendente será más efectiva con sus prospectos, si usted los ha edificado correctamente.

Capítulo 7

INVITANDO

Cuando usted está invitando a la gente a una presentación, tiene que ser sencillo. "No rocíe a las personas", si alguien tiene sed, deles un vaso de agua, pero no los rocíe con una manguera de bomberos. Usted no quiere darles demasiada información porque la gente va a tratar de tomar una decisión basada en lo que les diga. Ellos van a usar sus experiencias pasadas y los malos pensamientos que puedan tener sobre lo que creen que su negocio es, en base a la información que otros les dieron. Sus líderes y su línea ascendente han desarrollado guiones para cualquier producto o servicio que su empresa distribuye, ¡úselos!. En inglés decimos KISS - Keep It Super Simple, que significa Mantenerlo Súper Simple. Mi equipo lo mantiene muy simple, nos apoyamos en las relaciones. Nosotros les pedimos a nuestros nuevos distribuidores que inviten a sus prospectos a que le apoyen en su negocio, solo para conocerlo. Siempre al invitarlos hágales saber que puede ser o no para ellos. Si su prospecto es un amigo o miembro de la familia, ¿por qué no vendría a apoyarle?. Yo apoyaría a cualquiera de mis amigos o de mi familia que me invitará, sin importar cual que fuera su negocio; es decir, si estuviera abriendo un restaurante o una tienda normal, en estos casos sus amigos llegarían a la gran apertura dispuestos a apoyarle. Esto ¡es igual!, es su gran negocio, solo recuerde que debe mantener todo súper simple y sencillo, apóyense en la relación, y al hacer la invitación ¡no den demasiada información!, así, sus potenciales clientes vendrán para apoyarle a usted y a su nuevo negocio, y así ¡podrá llenar de prospectos la sala de su casa!. Recuerde que debe conocer su rol, si es la primera vez y empieza en el negocio, usted es el invitador. Tiene que despertar el interés y entonces edificar a sus líderes de la línea ascendente para presentarlos y dejar que ellos muestren la información.

Utilice el siguiente ejemplo de guión para invitar a la gente a su evento. Si su línea ascendente tiene un guión específico, por favor úselo, ya que ¡es lo que funciona en su organización!. Reemplace las áreas subrayadas para reflejar su empresa/industria.

GUIÓN DE EJEMPLO PARA INVITAR

Fecha del evento _____

Horario del evento_____

"Hola _____ tienes unos minutos?
(Espere la respuesta)

¿Qué harás el día _____ a las _____?
(Espere la respuesta)

¡Excelente! La razón por la que te estoy preguntando es porque estoy muy emocionado sobre mi nuevo negocio y estoy invitando a algunas personas clave a mi casa para compartir esta opción. ¿Puedo contar contigo?

SI HACEN PREGUNTAS:
No puedo explicarlo por teléfono, pero te puedo decir que ésto es muy virgen y está en la industria de _____. Además, el ejecutivo que viene puede responder a todas tus preguntas. En este momento todo lo que necesito saber es si puedes acompañarme para apoyarme.

Si persisten en saber más, conectarlos con un experto en una llamada de tres vías o envíeles un video con una breve descripción de su empresa.

USTED ES NUEVO, y no desearía confundirlos.

Tipos de Personas

MANZANAS ROJAS: Personas Positivas
MANZANAS VERDES: Personas con preguntas
MANZANAS PODRIDAS: Personas negativas

RECUERDE ESTA REGLA
Algunos lo haran,
Algunos no,
Algunos esperan,
Entonces que?...

¡¡¡¡¡¡¡SIGUIENTE!!!!!!!!

Resumen del Capítulo

- Manténgalo simple.
- No los rocíe con los detalles como una manguera de bomberos.
- La gente va a tomar una decisión basada en lo que le diga.
- Aprenda los guiones de su equipo.
- Apóyese en la relación.
- Hágales saber que la oportunidad puede o no ser para ellos (miedo a la pérdida).
- Cuando usted comienza por primera vez en el negocio, usted solo es el invitador.
- Recuerde la regla SW, "algunos"

Capítulo 8

PRESENTACIÓN

Su trabajo como nuevo distribuidor es
únicamente invitar personas a su primer evento, ya
sea que se trate de una reunión en casa, una
reunión dos a uno en una cafetería, una reunión en
un salón de hotel, un seminario, una llamada de
conferencia, un evento regional o magno evento en
un enorme centro de convenciones; el invitado
experto presentará la oportunidad. Esta persona
podría ser un líder de su línea ascendente u otro
invitado; básicamente el experto es alguien de un
rango mayor que usted, ya que usted es nuevo en el
negocio. Cuando invite a su mercado "caliente", se
trata de las personas que usted conoce; por lo tanto,
no lo escucharán, deje que el experto presente el
negocio. Después de la presentación, la gente que
acudió, ya sea que: se convierta en un socio de
negocio, o se convierta en un cliente, o que le digan
a usted que no es para ellos. Su trabajo es ayudar a
identificar hacia donde el prospecto se está
inclinando y que hablen con un experto, (podría ser
otra persona que sea parte del negocio y se

encuentre en la reunión). El experto va a hacer el cierre de sus prospectos como sus socios o clientes. Veo que muchas personas piensan que si el prospecto no firma en su negocio, ellos los han perdido, ¡conviértalos un cliente!. Gire todos sus NO en un SI; obtenga a esa persona de alguna u otra manera, especialmente si usted está en una empresa de productos y con un producto sólido. El NO al negocio podría ser un SÍ al producto y esa persona puede convertirse en un "captador de clientes". Tenemos personas de nuestra organización que se convirtieron en súper distribuidores con éxito que comenzaron como clientes muy felices. Esto es esencialmente para lo que es una presentación: identificar y clasificar entre sus prospectos para encontrar si algunos de ellos van a ser un socio de negocio o un cliente. Las personas solo retienen el 10% de lo que escuchan y hay 3 cosas que van a preguntarse a sí mismos en una presentación:

¿Puedo hacer esto?

¿Esto funciona?

¿Confío en la persona que me invitó aquí?

Si su presentación general responde a esas tres preguntas, esa persona va a ser su socio de negocios. ¿Por qué no lo harían?

OBJECIONES Y RESPUESTAS COMÚNES

¡No tengo dinero!
- Si el dinero no fuera el problema, ¿Pensaría en seguir adelante?
- Y ¿si fuera gratis?, ¿qué pasaría?
- ¿Qué tanto entendió de cómo recuperará su dinero?

¡Necesito más información!
- Qué te gustaría saber?
- Si puedo conseguirte la información que está buscando, entonces qué?

¡No es para mi!
- Que no es para usted?
- Por que eso?
- Qué no te gusta del negocio?
- No hay problema. ¿Cual es la razón de eso?

¡Estoy demasiado ocupado!
- ¿Qué pasa si usted no estuviera demasiado ocupado?
- ¿Y si tuviera tiempo y dinero?
- ¿Qué pasaría si asociándose con nosotros obtiene tiempo libre para hacer lo que realmente desea?
- Si podemos ajustarnos a trabajar en su horario, ¿entonces, lo haría?

¡Es esto una pirámide?

- No, los esquemas piramidales son ilegales. ¿Qué sabe acerca de las diferencias entre la red de mercadeo vs una pirámide?
- ¿Podría definir pirámide?
- Muéstreles el diagrama de la estructura corporativa vs. la red de mercadeo.

¡Yo no soy un vendedor!

- ¿Qué pasaría si ser un vendedor no fuera necesario para tener éxito en este negocio?
- ¿Qué pasaría si le dijera que la mayor parte de los líderes nunca han tenido experiencia en ventas?

¡Tengo que hablar con mi esposo primero!

- ¿Por qué necesita eso?
- Si él/ella ya hubiera dicho que "sí", ¿que haría?

¡Mi trabajo no me deja hacer otras cosas!

- Y si hubiera una manera de evitar esta situación, ¿qué tan abierto estaría usted?
- Si ellos dijeran que está bien, ¿usted qué haría?

Resumen del Capítulo

- El experto es cualquier persona en el negocio, que en ese momento no es usted.
- Su trabajo consiste en invitar a la gente al evento.
- Después de la presentación, identificar hacia donde se inclina la perspectiva de su prospecto (cliente o distribuidor).
- Convierta todos los NO en un SI (no deje dinero sobre la mesa).
- Algunos distribuidores de gran éxito comenzaron como clientes muy felices.
- Recuerde, la gente se hará tres preguntas:
  ¿Puedo hacer esto?
  ¿Esto funciona?
  ¿Confío en la persona que me invitó aquí?

Capítulo 9

PROMOVIENDO

Siempre se está promoviendo. Usted promueve la próxima conferencia, la reunión de oportunidad de negocio, un Súper Sábado, el próximo evento regional, evento nacional, evento internacional... cualquiera que sea el tipo de evento, están diseñados para ayudarle a ascender en su negocio; es por ello que usted siempre esta promoviendo el próximo evento. He visto a personas en esta industria que fueron los peores presentadores y peores invitadores, PERO ellos fueron los mejores promotores. Llevan a tanta gente a los eventos y llegan a ser tan buenos en promover, que los eventos construyen sus negocios. Es por ello que le recomiendo, hágase bueno en la promoción de los eventos. Usted quiere ser el Don King de la promoción de sus eventos. Salga y promueva el próximo evento como si fuera el último evento que nunca volverá a haber.

Sí, la tecnología puede ayudar a conectar a las personas vía internet sin importar en que lugar del mundo usted esté, pero NADA mejor que la interacción cara a cara. Los eventos hacen dinero; cuando una persona asiste a un evento, lo más importante que puede pasar es que su nivel de creencia en la empresa cambie. Los eventos tendrán un gran impacto en el éxito a largo plazo de cualquier organización, especialmente si se trata de un evento en el que la gente tiene que viajar. Cualquier persona que sostenga que tiene el mismo efecto un webinario (seminario web) para 200 personas que una reunión presencial para 200 personas que se lleva a cabo en Las Vegas; seguramente es una persona que no esta haciendo mucho dinero en el mercadeo en red. Pero incluso a partir de pequeños eventos como una reunión privada de negocios (RPN o PBR por sus siglas en inglés) o una llamada de conferencia, ayudarán a usted ganar fuerza y fuerza de voluntad.

En los eventos, los líderes mejor pagados y los líderes de su compañía pueden decir alguna cosa que encaje con usted y se encienda su fuego interior. He tenido cientos de esos momentos en eventos y déjeme decirle; les debo mi vida actual, ¡son tan poderosos!. De lo que estoy hablando es acerca de la "prueba social". Todos nosotros estamos programados a buscar validaciones de nosotros mismos en otros lugares. Si estás en una reunión de oportunidad de negocio y el presentador dice: "Todos los que están en el negocio, ¿podrían ponerse de pie?", ve que muchas otras personas han tomado la misma decisión que usted hizo para unirse a este negocio, y eso lo hace sentir mejor. Incluso he tenido algunos de los miembros de mi equipo que me dicen: "el próximo evento, voy a estar al menos un [rango superior] porque estoy cansado de tener que esperar en la fila con todos los demás, ¡debería haber visto el fuego dentro de ellos! Cuando su nivel de creencia sube, su nivel de acción también lo hace. Cuando su nivel de acción sube, sus resultados también lo hacen. Si nos fijamos en esto siguiendo la escala de 1 al 10 (siendo el 10 el más alto), digamos que su nivel de creencia antes del evento fue un 5, si su nivel de creencia es 5, su nivel de acción será de alrededor de 4 a 5. ¿Qué nivel tendrían sus resultados?, probablemente un 4 o 5; pero si va a un evento y su creencia es de un 10, ¿cuál va a ser su nivel de acción?, probablemente un 9 o 10, ¿Que nivel tendrían sus resultados?, si, un 9 o 10. Esta es la razón porque los eventos y la promoción de los mismos son tan importantes; porque sin fe, no va a tener éxito. Usted necesita la validación y convicción del evento, y su equipo también, junto con la formación y todo lo que conlleva; usted no puede obtener esta información sentado en casa;

tanto usted como su equipo tienen siempre que promover y asistir al próximo evento. El primer paso en el desarrollo de la cultura en su equipo es ser más comprometidos que nadie. Eso significa que tiene que dar el ejemplo y NUNCA se pierda un evento. Se dice que en cada evento, la mitad de la gente en el salón no estará en el PRÓXIMO evento, pero la otra mitad que estaba ahí terminará arriba, en promedio, haciendo el doble de los ingresos de quienes no. Y en el próximo evento sucederá lo mismo, la mitad estarán en el SIGUIENTE evento, y la otra mitad quizá no. Pero, le reitero, los que regresan, en promedio, duplican sus ganancias en comparación con el resto de la personas. Basado en esto, si se mantiene volviendo a cada evento, con el tiempo va a ser entre los que más ganan de su empresa en el salón.

Si le dijera que le daría $1,000 USD por cada persona que trajera a un evento... ¿cuántas personas vas a tener ahí?, así es como tiene que promover los eventos - como si hubiera un gran bono para usted por tener a más personas atendiendo el mismo. Y realmente lo hay, porque su equipo estará más dedicado y su nivel de creencia será tan alto que ¡van a comprometerse a ser promotores!

Resumen del Capítulo

- Siempre este promoviendo el próximo evento.
- Eventos hacen dinero.
- La gente no sabe lo que aun no conoce.
- Eventos hacen que el nivel de creencia aumente.
- Eventos tendrán un enorme impacto a largo plazo en su organización.
- Los eventos permiten a las personas nuevas ver a otros que tienen éxito y decir: "Si ellos pueden hacerlo, yo también puedo".
- Cuando el nivel de creencia sube, el nivel de la acción también lo hace.
- Ser el más comprometido que nadie.

Capítulo 10

RECLUTAMIENTO

Si usted quiere una organización y un volumen más grande, o cheques más grandes; usted tiene que reclutar gente. Nada va a suceder en su negocio ¡si no lo hace!. Mucha gente se asusta de la palabra "reclutar" pero hay que entender que las mejores compañías reclutan a los mejores talentos para trabajar en su organización. ¿Qué hacen los más grandes equipos deportivos en el mundo?, reclutan los mejores atletas para que su equipo se convierta en el mejor. Eso es exactamente lo que usted necesita hacer en el mercadeo en red. Ir por ahí y encontrar a alguien que sea mejor que usted. He tenido personas que me dicen: "bueno, no conozco a mucha gente", y les respondo, "¡bueno, vaya a buscar a alguien que conozca mucha gente!; también he oído, "No me gusta hablar con la gente." hmm, ¿cómo respondería a esto?... Oh ¡sí!, "bueno, vaya a buscar a personas que les guste hablar con gente!".
No puede dirigir su negocio diciendo, "Me metí en este negocio y creo que podría funcionar, ¡no estoy

seguro pero suena bien!"; la gente no lo va a seguir si usted no sabe a dónde va. Si sabe a dónde va, la gente tendría miedo de NO ¡seguirlo!. La gente sale y trabaja en la misma rutina cada semana, ellos van a trabajar donde tienen una mutua relación con su jefe; a ellos no les gusta su jefe y a su jefe no le gustan ellos; pero ellos tienen que seguir trabajando para pagar sus facturas. La próxima vez que se pare en un semáforo en rojo, durante una semana, cuando la gente está saliendo del trabajo, mire alrededor a los otros conductores, mire para ver quién esta emocionado, y encontrará que ¡Nadie está emocionado!; todo el mundo solo quiere tocar el claxon y decirle a usted " - sal de mi camino".
Bueno, al menos así es en Los Ángeles. CA. Si usted esta emocionado, eso significa que es diferente, y si es diferente de la mayoría de la gente al estar emocionado, las personas van a gravitar hacia usted queriendo saber "¿Por qué está emocionado?" y su interrogante será: "¿Que sabes, que yo no sé?" y ¿adivinen qué? su negocio es la respuesta.

Yo le duplico a mis distribuidores y les enseño que cuando están haciendo sus listas, se está categorizando a sus prospectos como rojos, verdes y azules: los rojos, son personas que usted admira, las personas que tienen influencia; los verdes, son la gente en el mismo nivel que usted, sus compañeros; y los azules, son las personas que están abajo de usted, y lo están mirando. Las personas siempre tratan de elegir el camino de menor resistencia, van a ir después de sus azules, ¿por qué? ¡debido a que los azules lo escucharán!. Aquí unos ejemplos, usted llama a su primo: "Oye, primo José, ven a mi casa tan pronto como te sea posible" y él llega casi de inmediato. O bien, si usted maneja un negocio y tiene empleados, usted buscará más tarde a sus empleados, ¿por qué haría esto? porque los azules lo escucharán. ¿Por qué es esto un problema?, recuerde, en el mercadeo en red, todo lo que usted hace se duplica a su equipo, ya sea bueno o malo. Si usted contrata a un azul, el azul reclutará sus azules. En algún lugar de la línea, va a estar presentando el negocio a alguien de 14 años que está tratando de usar la identificación de la mamá para entrar en el negocio; créanme, ha sucedido. Y entonces el equipo de personas azules que usted construyó se extingue; pero si usted sale y recluta al dueño de la empresa para la que actualmente trabaja o a su tío que es un médico, obtendrá un resultado diferente. Hágase esta pregunta en este momento, si usted va a comenzar un negocio tradicional, ¿quienes estarían en su Junta Directiva?, su primo José que todavía vive en la casa o su tío que es un doctor, ¡exacto!, esas personas son las mismas que desea como sus principales socios de negocios en su negocio de mercadeo en red. Después de desarrollar un sistema sólido y perfeccionarlo, descubrí las siguientes estadísticas: el rojo es equivalente a 30 verdes y 100 azules. ¿Es difícil conseguir a un rojo en su negocio? probablemente, pero consiga un rojo emocionado acerca de su oportunidad, y ¡usted comenzará a vivir la parte más emocionante de su negocio!

RASGOS CLAVE AL RECLUTAR

- Postura, confianza, pasión y emoción
- Crear valor y conecta con sus prospectos
- Contar historias
- Edificar el Presentador
- Sensación de urgencia
- Conozca su parte

FRASES Y PREGUNTAS CLAVE

- Si pudiera mostrarle una manera ...
- Imagínese si usted pudiera estar en el lugar correcto, en el tiempo correcto.

- Si el dinero no fuera un problema, y pudiera trabajar dentro de su horario, ¿estaría dispuesto a tomar esta oportunidad?

- ¿Está usted abierto a hacer dinero fuera de lo que actualmente hace?

- ¿Cuánto dinero es "mucho" para usted?

- ¿Qué tan familiarizado está usted con los ingresos residuales?

- ¿Está usted satisfecho con su nivel actual de ingresos? ¿Podría imaginar hacer mucho más?

Resumen del Capítulo

- No deje que la palabra "reclutamiento" lo asuste. Los mejores equipos deportivos, las grandes corporaciones, y el Gobierno, todos reclutan a los mejores prospectos.

- Las personas no lo seguirán si usted no sabe dónde va.

- ¡Permanezca emocionado! La emoción crea interés en las personas alrededor de usted.

- Los rojos son personas que admirar, son personas que tienen influencia.

- Los verdes son la gente en el mismo nivel que usted, sus compañeros.

- Los azules son personas que están abajo de usted, y lo están mirando.

- Si usted va a comenzar un negocio tradicional, ¿Quienes estarían en su Junta Directiva?

Capítulo 11

LANZANDO UN NUEVO DISTRIBUIDOR

Una de las cosas más importantes que debe dominar en su carrera en el mercadeo en red, es como hacer el lanzamiento correcto de un nuevo socio. El momento en que su nuevo miembro del equipo firma su aplicación es cuando el trabajo comienza.

Usted deseará seguir el sistema que su equipo ha desarrollado porque ese sistema será más fácil de duplicar dentro de su organización. Esta es una estructura básica de cómo se debe lanzar a alguien que esté comenzando su negocio. Si usted utiliza esta estructura con el sistema que su equipo está promoviendo, a partir de ese momento, los miembros de su equipo serán imparables, justo allá afuera.

La clave para ayudar a la nueva persona es la eficiencia. Después de unirse a su equipo, usted desearía que sus nuevos socios sean productivos lo antes posible. Haga saber a su nuevo miembro que necesita destinar al menos 45 minutos a una hora de tiempo para sentarse con ellos y ayudarles a comenzar. Este tiempo tiene que ser ininterrumpido y hay que hacerlo uno-a-uno, y no en un ambiente de grupo, porque usted puede estar discutiendo cosas que tal vez no sea apropiado compartir en un grupo. Esto es muy importante: su nuevo miembro merece este tiempo. Ellos tienen derecho a saber el cómo y por qué hacer el negocio para maximizar su potencial de ganancias. Si ellos aprenden hábitos incorrectos, probablemente no van a tener éxito en el negocio y usted habrá quemado un puente no sólo entre usted y su nuevo miembro del equipo, sino también entre el miembro y la industria en general. Lo mejor es tener un documento físico que tiene la información detallada que su equipo promueve. Este papel debe tener información básica como fecha de inicio, logro del Primer Rango en 30 Días, y un diagrama de la primera posición dentro del plan de compensación de su empresa. Si eso no esta ahí, hay que dibujarlo y ¡explicárselos! Debido a que no todo el mundo aprende las cosas de la misma manera, usted está demostrando, diciendo e ilustrando gráficamente, (auditiva, visual y kinestésicamente) la forma en que se hace el negocio; así estará cubriendo la mayor parte de estilos de aprendizaje. Cuando su nuevo miembro comprende como alcanzar la primera posición de ganancias de su plan de compensación, le puedan enseñar a otros. El objetivo de la duplicación y el lanzamiento de un nuevo miembro es que usted deseará tener 'maestros enseñando a maestros'. Ahora, aquí es donde se puede hacer muy emocional. Cuando alguien comienza un nuevo negocio, lo hacen por una razón. Hemos cubierto esto en el capítulo 2, su POR QUÉ. El por qué es la fuerza que impulsará el negocio de esta persona. La montaña rusa emocional de cualquier negocio, incluyendo las redes de mercadeo, puede ser superada cuando hay un fuego interno para lograr y hacer que su por qué se haga realidad. Deje que su nuevo miembro tome el tiempo para pensar acerca de por qué se ha unido a este negocio y averiguar la razón más profunda por la que están haciendo esto... Cuando ves que los ojos se convierten en lágrimas, ¡ustedes han encontrado el Por Qué!

Ahora viene consiguiendo algunos nombres en su lista. Si el sistema de su equipo tiene una estructura sobre cómo hacer esto adecuadamente, ahora es el momento de mostrarle a su nuevo socio cómo se hace. Asegúrese de que entiendan que no deben prejuzgar a nadie en su lista de prospectos, la cual sería su mercado caliente. Además, les recuerdo que revisen su lista y consideren a las personas en quienes pudieron no haber pensado antes, tomando en cuenta a el trabajador de la tintorería, la persona del autolavado, el cajero/empleado del banco, su agente de bienes raíces, etc.). Siempre enseño esto a mi equipo: pregunte a su nueva persona, "Si fuera a iniciar una empresa, ¿quienes serían parte de su consejo de administración?" y hacer que pongan esos nombres en primer lugar. Esta es la mejor parte sobre el mercadeo en red como una industria, ¡podemos trabajar con las personas con quienes deseamos trabajar!.

No voy a entrar en demasiados detalles acerca de los guiones que usted debe seguir o qué método de adquisición de clientes y reclutamiento debe utilizar, porque esto debe ser descrito en el sistema interno de su equipo. Lo que yo puedo recomendar es que además de detallar cómo construir su equipo de clientes y distribuidores, enfatice la importancia de los eventos. El único modo para duplicarse a si mismo es predicar con el ejemplo. Así que, si hay un gran evento por venir, ya sea una reunión dentro de su equipo o eventos corporativos de su empresa, promueva el evento al nuevo miembro en el entrenamiento, y dígale que asistir a este evento es tan importante como llevar a otras personas invitadas. Si construyes la importancia y edificas el evento, las personas estarán ahí, y su nuevo miembro del equipo también lo hará. El conocimiento que usted pone en su nuevo miembro del equipo solo es edificación de usted mismo. No se trata de ego, se trata de la construcción de la credibilidad en su equipo. Si ellos creen que usted sabe qué hacer y a dónde va, ellos tendrán miedo de no seguirlo (¿deja vu?).

Después de que haya terminado de explicar todo esto a su nuevo miembro del equipo, asegúrese de establecer su próximo evento donde usted o uno de sus líderes va a presentar a los prospectos.

Recuerde, bien o mal se duplica hacia abajo de su organización. Si usted enseña las cosas correctas, su equipo enseñará las cosas correctas. Lo mismo ocurre con las cosas equivocadas. A veces, las cosas malas se duplican el doble de rápido, por lo que ese tiempo que ha pasado con su nuevo miembro del equipo es absolutamente crítico para el éxito del equipo.

Resumen del Capítulo

- Siga el sistema de su equipo.
- Sea eficiente.
- Haga el entrenamiento uno a uno.
- El lanzamiento de su nuevo miembro del equipo se necesita hacer uno a uno.
- Su nuevo miembro del equipo merece este tiempo.
- Asegúrese de que el nuevo miembro del equipo sabe exactamente cómo hacer rentable el plan de compensación de su empresa.
- El POR QUÉ es la fuerza motriz en el negocio de esa persona.
- Revise los guiones de su sistema.
- Asegúrese de resaltar la importancia de los eventos.
- Bien o mal se duplica hacia abajo.

Capítulo 12

SEGUIMIENTO

El seguimiento es una parte muy importante del proceso de prospección, así que usted necesita darse el tiempo y reflexionar para asegurarse de de hacerlo bien. Recuerde siempre, está clasificando a las personas, no está vendiendo.

Cuando comienza por primera vez, es una buena idea tener los líderes de su línea ascendente o su mentor, le ayude con el seguimiento con su gente. Si usted se va a reunir con alguien para el seguimiento, no haría nada mal traer a un miembro de mayor experiencia para que le apoye. Esto le ayudará a aumentar su eficacia y se hará usted un experto en muy poco tiempo.

Pero antes de traer a su mentor a su próxima reunión, póngase en contacto con su prospecto y hágale saber que tiene la intención de llevar a alguien importante a la reunión. Le ayudaría si usted resalta algunos de los logros que su mentor tiene en la industria, y anime al nuevo socio a hacer las preguntas necesarias. Si el seguimiento se hace a través de una llamada telefónica, usted

puede pedirles unirse a una llamada de tres vías
(usted, su líder, y su prospecto). Ese proceso de
resaltar los logros de los miembros de su equipo
(edificación) ayudará a generar respeto y su
prospecto aprenderá más sobre el sistema de apoyo
del equipo.

Debe quedar muy claro que sus prospectos no están
realmente muy centrados en los productos de lujo o
en el increíble plan de compensación; lo que quieren
es una solución a sus problemas. Esto es lo que
usted necesita apuntar al hacer los seguimientos.

Al final del día, el plan de compensación es un
vehículo que la persona va a utilizar para resolver
algunos de sus problemas; y al vender un negocio
de mercadeo en red, algunos distribuidores asumen
que los prospectos desean simplemente hacer
dinero extra. Mientras que el dinero en efectivo
podría ser un buen incentivo, también es
importante encontrar la solución específica para el
prospecto. Averigüe lo qué ese dinero extra podría
hacer para el prospecto y usted tiene un buen punto
de partida.

Aquí un buen ejemplo de una llamada de
seguimiento:

"La razón por que te estoy llamando es para preguntar ¿si has tenido oportunidad de revisar la información que te envié?"

Si lo olvidaron, lo más probable es que no quieran tener nada que ver con lo que esté haciendo. Si en cambio, ellos se tomaron el tiempo para leer el material o investigar en línea al respecto, después de haber dicho que lo pensarían, entonces usted puede seguir adelante. Uno de los conceptos detrás de seguimientos exitosos es asegurarse de que el prospecto piense en los aspectos positivos de la oportunidad de negocio, ya sea que esos aspectos positivos sean exactos o los hicieron.

Al hacer las preguntas correctas, usted puede dirigir la conversación en la dirección correcta y tener el prospecto centrado en lo que es importante - la solución de sus problemas. Algunos personas tienden a mantener una mente abierta cuando se enfrentan a nuevas experiencias y oportunidades desafiantes, y esto hace que sea más fácil para que se unan a su organización. No todo el mundo está preparado de esta manera y se encontrará con personas rígidas que se acercan a negocios con un enfoque estrecho. Trate de no sentirse sacudido cuando sus ideas sean desafiadas.

Idealmente, usted quiere volver con su prospecto lo mas pronto posible, preferiblemente dentro de unos pocos días, mientras que la idea aún esté fresca en su mente. También no quiere que hablen con la gente equivocada y obtengan algunos comentarios negativos sobre la industria. Será más difícil de retomar a ese nuevo miembro, si las opiniones vienen de amigos cercanos o familiares.

El proceso de seguimiento puede tomar algunos días o varias semanas y en algunos casos, pueden pasar meses o incluso años en la construcción de la amistad y el sueño, hasta que estén listos para unirse contigo. Lo crea o no, algunas personas le dirán NO hasta que vea que tiene cierto éxito. Cuando ellos ven que usted gana unas vacaciones pagadas o consigue un coche a través de su oportunidad, entonces van a unirse a su negocio. ¡Su éxito también esta en su seguimiento!

CONSEJOS GENERALES:

• Reserva el próximo seguimiento al final de la primera exposición del prospecto.
• Lo ideal es que el seguimiento de un plazo de unos días.

- Si es posible, haga el seguimiento con su línea ascendente/mentor para ayudarle.

- Comience una construcción de amistad con su prospecto; teniendo un interés sincero en su sueños, sus metas y su vida personal. Lo más fuerte es la amistad que se refuerza con la confianza y respeto mutuo.

- Construyan un sueño, los sueños inspiran a la gente y promueven acción; descubra cuáles son sus sueños y metas inmediatas.

- Dé entrenamiento, la información es muy poderosa.

Resumen del Capítulo

- Usted está clasificando las personas, no vendiendo a ellos.
- Tenga una línea ascendente con experiencia o mentor para ayudarle con el seguimiento.
- Recuerde que usted está buscando una solución a los problemas del prospecto.
- Asegúrese de que el prospecto piensa en los positivo aspectos de la oportunidad de negocio.
- De seguimiento a unos pocos días máximo.
- Su éxito es también su seguimiento!

Capítulo 13

DUPLICACIÓN

Tuve la suerte de aprender de algunas de las mejores personas en esta industria y siempre mantuvieron el sistema muy simple. Mi mentor antes de entrar en la red de mercadeo era un mesero en un restaurante. Esta persona mantuvo las cosas simples, súper simples. Ellos me enseñaron que mantener las cosas simples le ayudará a duplicarse a sí mismo más rápido. Pues uno siempre QUIERE duplicarse a si mismo tan pronto como sea posible. Recuerdo que tuvimos una reunión con cerca de quince invitados. Mi líder vino a mi casa y yo estaba emocionado porque la sala estaba llena, pero Los Ángeles tienen tanto tráfico (raro, ¿no?), mi líder me llamó y me dijo que no iba a llegar. Me volví loco. No porque mi líder no podría aparecer sino porque tenía que hacer la presentación yo mismo. Me acuerdo que escribí la presentación con una mano muy sudada y todo estaba manchado. Apenas sí podía leerlo. Honestamente, no sé lo que pasó o que fue lo que dije, pero firmamos a gente ese día. Lo que esto me mostró era que yo podía hacer este negocio, y lo que el líder de mi línea ascendente hizo fue duplicarse a sí mismo a través de mí. Acabo de convertirme en un clon de él. Y entonces empecé haciendo lo mismo con mi equipo. Lo importante fue que el sistema era muy simple y fácil de duplicar a mi equipo. Así que cuando me metí en mi segunda empresa de mercadeo en red, sabía la importancia de desarrollar un sistema simple que pudiera ser duplicado; un sistema que cualquiera pudiera llevarlo a cabo. Así que eso fue lo que mi equipo y yo hicimos. Nosotros hicimos un sistema ABC para que nuestro equipo se asegurara que podríamos duplicarnos.

Muchas personas tienen tiempos difíciles con la duplicación porque son fanáticos del control y quieren hacerlo todo; pero si usted está haciendo todas las presentaciones, todos los entrenamientos, todo, lo que usted tiene es un trabajo muy bien pagado, pero una vez que usted es capaz de duplicarse a si mismo, eso es el mercadeo en red. Eso es apalancamiento del tiempo, es lo que en la industria le llaman dinero de la playa porque ese es el verdadero ingreso residual. Eso es lo que la duplicación hará. Usted quiere que la gente tenga la misma presentación desde el primer nivel hasta el centésimo nivel; exactamente el mismo. Necesita preguntarse siempre, "Lo que estoy haciendo en este momento, ¿estoy haciéndolo duplicable?". Si lo mantiene simple y duplicable, ese es el verdadero ingreso residual del mercadeo en red.

Resumen del Capítulo

- Usted DESEA duplicarse a si mismo tan pronto como posible.

- Si usted está haciendo todas la presentaciones, todos los entrenamientos, todo, lo que usted tiene es un trabajo muy bien pagado.

- No sea un fanático del control.

- La duplicación es la base del apalancamiento del tiempo.

- El sistema debe ser el mismo hasta el final; cada presentación debe ser la misma en el nivel 1 al nivel 100.

- Una vez más, ¡manténgalo sencillo!

Capítulo 14

MODALIDAD DE JEFE

Uno de los mayores errores que observo de la gente que hace redes de mercadeo, son las personas que asumen la modalidad de jefe. Lo que mucha gente hace después de patrocinar un par de socios de trabajo, es sentarse y esperar a que ellos hagan algo. Umm, no. Eso funciona así. Para tener éxito en el mercadeo en red, usted tiene que trabajar los números. Eso significa que usted está en las trincheras con su equipo día tras día. El ciclo de la prospección, la presentación del plan, el seguimiento, adquiriendo clientes, y el entrenamiento de su equipo, ¡nunca se detiene!; Lo hago todavía a diario, no porque necesite el dinero, sino porque tengo que ser el ejemplo para mi equipo. Quiero ayudar a otros a alcanzar lo que he logrado, eso me lleva a duplicarme yo mismo, al duplicar mi equipo; eso es predicar con el ejemplo. A medida que su organización se hace más grande y descubre líderes que trabajarán el negocio tan duro como usted, puede mover el enfoque de hacerlo todo usted mismo para ayudar a su equipo a trabajar de su negocio. Pero usted no debería pasar mucho tiempo actuando como jefe de su equipo. Tal vez cuando su organización es de varios cientos de personas y por lo menos diez a veinte líderes de profundidad, pero no cuando usted sólo tiene sus primeras personas en su equipo. La gente hará lo que usted hace. Si usted se sienta en casa y trata de motivar a la gente por teléfono, eso es lo que ellos van a hacer. Sin embargo, si su equipo lo ve en las trincheras, no tendrán más remedio que enrollarse las mangas y hacer lo que necesite para obtener éxito. Mi sugerencia es, que nunca gaste más del 20% de su tiempo en el modo de jefe. A medida que su equipo crece, es posible que tenga que dedicar más tiempo con ellos - pero nunca pase la mayor parte de su tiempo en modo de jefe. Digamos que usted tiene una gran Reunión de Oportunidad hoy. Usted como el anfitrión se presenta unas horas antes del evento a asegurarse de que todo este preparado, algunos de sus distribuidores más cercanos aparecen con usted para ayudarle a asegurarse también; usted delega algunas tareas a las personas que parecen lo mejor para esas tareas... ¡y eso es todo!. El resto de su tiempo se debe emplear en la prospección, la presentación del plan, haciendo el cierre, y ayudando a su equipo con el seguimiento de sus prospectos.

Si usted comienza a ser la persona que la gente dice "no sé, pregúntele a fulano de tal," se está gastando demasiado tiempo en el modo de jefe!. Recuerde, cada socio en su organización está en el negocio por sí mismo. Usted no es el CEO de la empresa, usted es el líder de una línea ascendente. Sus tareas son ayudar a su equipo a convertirse en una copia de papel calca de usted mismo. Muchos vendedores de la red estropean esto porque no pasan el tiempo necesario produciendo. Como resultado, no construyen un gran equipo, ni ganan dinero.

Puedo ver por qué, sin embargo, el modo de jefe es muy fácil. Usted pasa todo su tiempo con personas que lo ven superior a ellos, es por ello que no obtiene rechazo. Tiene la oportunidad de divertirse y no estirarse fuera de su zona de confort.

Yo le diría, ¡Buen trabajo jefe!.

Y lo invitaría a hacerse la siguiente pregunta de vez en cuando, "¿Estoy pasando demasiado tiempo en el modo de jefe?" Las actividades de gestión son CUALQUIER tipo de actividades que no producen dinero. Siga repitiéndolo en su mente muchas veces y responderá su propia pregunta muy rápidamente.

Sólo para su referencia y para recordar a sí mismo si está actuando en el modo de jefe o siendo un verdadero líder, eche un vistazo a la siguiente:

Modo Jefe vs Modo Líder

En cuanto a adquisición de clientes

- Los jefes esperan que en su equipo califique. Ellos llaman a su equipo y preguntan cosas como '¡Necesitas 5 clientes! ' Pero ni ellos tienen 5 clientes.
- Los líderes obtienen a sus clientes – establecen el ritmo y trabajan junto con su equipo para que consigan hacerlo.

- Los jefes se centran en su propio cheque de pago.
- Los líderes ponen sus cheques de pago en las manos de su equipo. Ellos entienden que si ayudan a su equipo a que reciban un cheque, entonces ellos siempre reciben un cheque.

- Los jefes llaman a sus líderes de la línea descendente y les dicen que tienen que ir a buscar su nuevo socio calificado.

- Los líderes hacen una llamada de tres vías al nuevo representante con su líder de línea la descendente (downline), programan el lanzamiento/reunión en casa y asisten a la reunión de lanzamiento.

En cuanto a reclutamiento

- Los jefes programan una reunión casera con sus nuevos representantes y les piden que inviten a un grupo de personas; ellos, sólo llegan a las reuniones.

- Los líderes programan una reunión en casa con sus nuevos representantes y les enseñan cómo tener personas a quienes presentar el negocio. Ellos juegan el papel de contactar e invitar juntos, les enseñan a hacer a su lista de nombres, y les ayudan a hacer llamadas. Incluso hacen llamadas de confirmación para asegurar una reunión exitosa.

- Cuando la reunión ha terminado, los jefes dejan al anfitrión y a otros representantes que realicen el cierre y seguimiento.

- Los líderes obtienen los nombres y números de sus prospectos en cada reunión y luego hacen seguimiento con el anfitrión.

- Los jefes miran a su equipo en su línea descendente como un cheque.
- Los líderes tratan a sus representantes como socios. Ellos crean confianza en ellos y utilizan frases como "nosotros trabajamos juntos", " ¡El va a alcanzar el siguiente rango en los próximos 30 días!

- Los jefes esperan a que su equipo traigan nuevos prospectos, pero nunca lo hacen ellos mismos. Él/ ella dice cosas como "Oye, ¿cuántas personas vas a traer a la reunión?" Entonces, cuando no traen a nadie, se sienten frustrados y se dicen a sí mismos, a otros, o a su líder, "este chico es un idiota, no es couchable, es verdaderamente malo."
- Un líder siempre está marcando el ritmo de su equipo por tener nuevos prospectos personales en los eventos. Sólo esperan de su equipo lo que están haciendo ellos mismos. Ellos llaman a su equipo y dicen "Hey tengo un nuevo invitado viene la noche del martes, ¿qué puedo hacer para ayudarte a conseguir a alguien que este ahí también? ¡Vamos a hacer esto juntos!"

- Los jefes están en el fondo de el salón en el evento o fuera de la reunión semanal.

- Los líderes se sientan en frente con su equipo en la reunión semanal y traen un nuevo prospecto.

En cuanto a eventos

- Un jefe tiene excusas de por qué no están en cada evento o en cada llamada de conferencia.
- Un líder esta en cada evento y en cada llamada de conferencia.

- Un jefe solo llega para el evento.
- Un líder llega temprano y ayuda a poner lo necesario para el evento.

- Los jefes les dicen a sus líderes que inviten su equipo al evento. Incluso les envían un correo electrónico o un texto.
- Los líderes llaman y promueven cada evento como si su vida dependiera de ello. Hacen llamadas diariamente con sus líderes y nuevos miembros promoviendo los eventos Internacionales, el entrenamiento del Súper Sábado, las reuniones de Oportunidad de Negocio, los entrenamientos de liderazgo, etc. Los lideres saben que su producción depende completamente de la cantidad de personas que tienen en cada evento. Esto es lo que mantiene la visión, la creencia, el apoyo, el entrenamiento y

la unidad en su equipo. Esto crea el éxito en sus representantes.

- Los jefes envían un texto a su equipo para hacerles saber acerca de la llamada de conferencia.
- Los líderes llaman todos en su equipo y promueven la llamada de conferencia personalmente.

En cuanto a Crecimiento Personal

- Un jefe siempre está tratando de mejorar y cambiar todos los demás a su alrededor.
- Un líder sabe que la única persona que puede cambiar y mejorar es a uno mismo.

- Un jefe dice "usted"
- Un líder dice "nosotros"

- Un jefe sólo se preocupa por sí mismo y su cheque de pago, no acerca de la relación.
- Un líder realmente se preocupa por su equipo y construye relaciones.

- Un jefe comparte emociones negativas con su equipo, sin importar las consecuencias.

- Incluso cuando sea justificable una situación, un líder no muestra miedo, dolor, ira, duda, o frustración, porque ellos saben que va a matar a su negocio. Un líder tiene una actitud positiva siempre; ellos son edificantes para todos, incluyendo a sus líneas ascendentes, líneas laterales (crosslines) y líneas descendentes (downlines).

- Un jefe sólo ve los informes del mes pasado.
- Un líder genera la creencia y la visión para su equipo. Ellos tienen una visión a largo plazo.

- Un jefe se centra en los problemas que se le plantean.
- Un líder está orientado para dar soluciones. Ellos entienden que cada día se enfrentan con problemas y saben que sin problemas no hay negocio. Cuando surgen problemas, ellos llaman a su mentor con una solución ya en mente.

- Un jefe dice que es couchable pero realmente sólo quiere validación. Cuando se trata de la formación o el asesoramiento, dicen: "Sí, yo ya sabía que..., ¡eso es lo que estoy haciendo ya!" Reciben el consejo porque lo pidieron y era lo que necesitaban oír, pero toman cualquier crítica constructiva de manera personal y dicen cosas como, "¡Él / ella no sabe de qué están hablando!"

- Un líder es completamente couchable. Ellos buscan entrenar, no para la validación, sino sólo para mejorar ellos mismos y sus negocios. Están ansiosos de entrenamientos de couching y pedir críticas constructivas. Cuando reciben una crítica constructiva, no lo toman personalmente, pero se dan cuenta que se dijo sólo por "amor" y así puedan mejorar su negocio y a ellos mismos. Si no están de acuerdo con la crítica constructiva, siguen teniendo una buena mirada en sí mismos desde un ángulo diferente para ver qué o cómo pueden mejorar, como debe haber sido o dicho por una razón ... Hacen todo lo que pueden para mejorar ellos mismos porque saben que ésta es realmente la única manera que pueden avanzar.

Resumen del Capítulo

- El ciclo de la prospección, la presentación del plan, el seguimiento, conseguir clientes, y la formación de su equipo nunca se detiene!
- Lleva a tu equipo con el ejemplo.
- Usted no es el CEO de la compañía.

Las actividades de manejo son CUALQUIER

actividades que no producen dinero...

Recuerda eso!

Capítulo 15

REDES SOCIALES

Hay más de 2 millones de personas con cuentas activas en redes sociales ahora mismo en el mundo. Sólo en América, más del 56% de la población tiene un perfil en un sitio de redes sociales; digamos, hay un miles de personas que utilizan los medios de comunicación social. Pero hay una manera equivocada y una correcta de usar los medios sociales para la comercialización y prospección de su negocio a sus amigos y familiares. La idea principal de los medios de comunicación social no es para publicar sobre su oportunidad todo el tiempo y bombardear a su mercado caliente, es para compartir aspectos clave en momentos clave para maximizar y despertar interés a alguien, y obtener su información. Ahora, compartimos información clave y luego compartimos información en los medios sociales. La mayoría de la gente va a compartir CUALQUIER información y eso va a molestar a tus amigos en lugar de despertar su interés sobre su negocio. Su presencia empresarial en persona es también extendida a su presencia empresarial en el internet y la mayoría de la gente no lo están utilizando correctamente. Puesto que hay tantas ofertas de plataformas de medios sociales, me voy a centrar en las dos más grandes: Facebook y LinkedIn. Cuando alguien en mi equipo me dice que ellos han quedado sin nombres, les digo "Eso es imposible. Inscríbete en Facebook." Sólo para explicar de manera muy sencilla, cuando se crea un perfil en Facebook y llene su ciudad natal, su trabajo, su escuela primaria, y otras cosas, Facebook hace una búsqueda a través de los miles de millones de personas que utilizan su plataforma y crea conexiones entre usted y otros para tratar de encontrar personas que tal vez conozca. Cuanto más información usted da a Facebook sobre si, más conexiones creará con cada uno. Esto funciona de la misma manera en LinkedIn, excepto que ahí, vas a encontrar más gente orientada en negocios. Cuando publicas algo en Facebook, la mayoría de la gente en su lista de amigos lo verán (a menos que tengan configuración de privacidad estrictas, aunque la mayoría de las personas no lo hacen). Pero los amigos de tus amigos lo verán también. Por ejemplo, digamos que usted y yo somos amigos en Facebook y que publica algo sobre su negocio. Me gusta lo que veo, así que yo te pongo un "me gusta" o "Like". Porque me gustó su publicación, alguien en MI lista de amigos podrá ver SU publicación también. Eso se llama exponer. Si envía un buen contenido en relación a su negocio y a sus amigos les gusta, su exposición podría ser enorme. Algo que recomiendo encarecidamente es, separe su cuenta de Facebook en una cuenta personal y otra cuenta de negocios. De esta manera, usted puede utilizar su Facebook personal para hablar sobre cómo va la nueva serie y el uso de su Facebook de negocio para promover su negocio. Usted no ve a Bill Gates haciendo publicaciones acerca de una serie dramática en su página de negocio, pero puede hacerlo a sus amigos en su página personal. Usted no desea confundir a la gente. Ahora, de vez en cuando, yo si público fotos de mí y mi hija en un parque de atracciones en un lunes por la mañana o fotos disfrutando del lago con mi familia en una tarde de miércoles. Aquellas fotos tienen el propósito de mostrar el estilo de vida que se puede tener a partir de la red de mercadeo. Se personaliza su negocio sin dejar de promover constantemente su negocio, y eso está bien.

Hay tres temas principales que recomiendo mantenerse alejado de publicar en sus medios sociales de negocios: la política, la religión y los asuntos sociales. Si usted publica en su Facebook de negocio que no le gusta el actual Presidente, acaba ofendiendo a alguien. Esto es terrible para el crecimiento de su negocio. Al hacer eso, simplemente excluye a alguien y nunca va a querer asociarse con usted, y mucho menos ser parte de su negocio. Si usted va a una tienda de sándwiches para el almuerzo, ellos no se preocupan por que usted sea un Demócrata o Republicano, en el caso de los Estados Unidos, lo que quieren es vender un sándwich. Manténgase alejado de esos temas delicados porque el objetivo de su negocio de mercadeo en red es reclutar a todo el mundo. No aleje a las personas antes de que hayan tenido la posibilidad de ver su oportunidad.

Al crear su página de negocio de Facebook, asegúrese de poner información valiosa en la sección "Acerca de Ti" o de "Bio"grafía. Si alguien invita a su amigo para ver su página, lo primero verán es su foto de perfil. Asegúrese que no sea la foto de su perro – porque su perro no va a hacerlo millonario en este negocio. Cerciórese de poner en algún tipo de información de contacto para la gente que quiera comunicarse con usted. Si publica cosas acerca de vivir un mejor estilo de vida, las personas interesadas van a desear preguntar acerca de su negocio. Si no pueden ponerse en contacto con usted, ¿cómo podrán ser parte de su equipo? Si su empresa le ofrece uno, ponga su sitio web relacionado con su negocio en su perfil de Facebook. Toda esta información es una herramienta de auto-edificación para las personas que se encuentran en línea. Ejemplo, en mi Facebook, puse "De los Mejor pagados y Guru de la industria del MLM ", y mi sitio web, www.angelolvera.com. No se convierta en un comercial para su compañía de red de mercadeo. Sí usted está viendo su programa favorito, y un comercial sale justo en un momento importante de su programa, ¿qué tan molesto se sentiría?, de la misma manera sucede en las redes sociales. Si publica cada dos horas sobre su servicio o producto, se ha convertido en un comercial de su compañía. Sus amigos van a pensar, "¿cuántas veces más va a publicar acerca de su negocio? ya no quiero ser su amigo". Una publicación de negocios cada semana o así es como yo lo hago. Si algo está sucediendo o hay una nueva promoción, un nuevo millonario en mi equipo, o alguien que acaba de conseguir otro auto de lujo del programa "Dream Car" de mi compañía, tal vez voy a publicar dos veces a la semana, pero eso es todo. Lo que siempre trato de hacer es publicar acerca de algo más que no sea de mí. He aprendido que cuando te vuelves más exitoso y adinerado, tienes que ser más humilde. Si alguien que está en línea ve que usted está diciendo en una publicación "Gracias a mi compañía y a nuestro equipo, tenemos otro ganador del millón de dólares en mi grupo", van a querer estar en su equipo, ya que usted y su equipo están ayudando a otros a alcanzar el éxito. Por el contrario, si ven "Esta es la cantidad de dinero que retire de mi cuenta de banco hoy", parecerá arrogante y como si solo se beneficiara de su equipo y no ayudándolos.

Si realmente siente que ha agotado la mayor parte de su mercado caliente y tibio, trate de hacer reclutamiento de mercado frío en las redes sociales. Esto tiene que ser hecho en una forma efectiva o simplemente molestará a la gente. La belleza de los medios sociales es que usted tiene acceso a un increíble número de personas siempre que tome el tiempo.

Si se va a Facebook y en el buscador comienza a escribir 'Car-', podrá obtener Carol y Carmen. Usted puede o no, conocer a estas personas, y eso está bien; esta usted tratando de unir a todo el mundo en su equipo. Entonces hace clic en Carmen Zapatero y mira su perfil, usted nota que tiene una imagen profesional y luego echa un vistazo a sus publicaciones, y observa que ella esta orientada a los negocios. Carmen Zapatero es un prospecto perfecto en este mercado frío a quién le puede enviar un mensaje privado.

Otra forma de enviar mensajes a la gente que no esta en su lista, es observando las interacciones en su página de negocio. Siga adelante, pensemos que publica en su página de negocios una felicitación a su hijo por ser parte de la lista de honor en su Universidad. Déjalo ir tan viral como se pueda y luego revisa a través de los "comentarios" las personas que le dierón un "Me gusta", un 'Like'. Esas 25 - 50 personas que interactuaron con su publicación son perfectos para un mensaje de interés. Envíeles un mensaje como:

"Hola Juan, gracias por darle un 'Like" a mi publicación, escucha, si tienes niños y estás buscando una manera de pagar su Universidad, tengo una manera de ayudarte con eso. Envíame tu número y te daré más información."

O, digamos que usted publica felicitaciones a su hermana en su 20 aniversario de bodas. Usted encontrará a alguien que le gustó y enviarle:

"Hola María, gracias por darle 'Like' a mi publicación. No sé si usted y su esposo estarían interesados, pero tengo un negocio en el que estamos enseñando a muchas parejas cómo pasar más tiempo juntos y tener un mejor estilo de vida.

Si usted está abierta a que conversemos, mándeme su información para contactarle"

Cada vez que alguien le gusta o hace comentarios en su publicaciones, eso significa que alguien lo está mirando en ese medio social. Ellos se están tomando el tiempo para ver lo que está usted haciendo. Eso no es diferente de que vaya caminando por la calle y alguien le de un buen cumplido. Otra forma de obtener prospectos es a través de los amigos de sus amigos. Vea aquí un ejemplo de un mensaje que mande a un prospecto que era amigo de un amigo:

Yo: Hola Jorge, yo soy amigo de Elena y vi un comentario sobre que haces lo que te apasiona y pensé que sería apropiado. Estoy desarrollando una empresa que tiene grandes posibilidades y un gran flujo de dinero, estarías dispuesto a que conversemos. Si es así, envíame un número para contactarte.

Jorge: Hola Ángel, estaría encantado de charlar al respecto. Me puedes llamar al xxx-xxx-xxxx.

Ahora asegúrese que no vaya a las redes sociales con la intención de tener una conversación en línea. No empiece a hablar de su producto/servicio o que grande es su plan de compensación en Facebook utilizando su teclado. Su objetivo es sólo obtener la información de contacto y agregarlo a su lista de prospectos. Cuando usted tiene el nombre y número, siga su negocio como lo hace normalmente. Este método de búsqueda de contactos es para cuando usted siente que ha agotado todos los miembros de su red - pero en realidad, no lo ha hecho. Al final del día después de que usted ha hablado con la gente en la cafetería, con las personas en la sala de espera, mientras espera en el taller su coche, puede utilizar los medios sociales para prospectar cuando no este cara a cara con las personas.

Y recuerde, cuando se contacta con alguien en las redes sociales, ¿que es lo primero que piensa que ellos harán? Revisar SU perfil. Esto es el porque usted necesita un perfil profesional de negocios que permita a las personas saber que usted es un emprendedor y empresario serio. Haga que ellos vean a su equipo obteniendo ingresos residuales, personas ganando vehículos de la compañía, o que usted esta disfrutando el lago en un miércoles y que ellos se sientan como si fueran unos tontos por no hablar con usted.

Resumen del Capítulo

- La idea principal de los medios sociales es compartir aspectos clave en los momentos clave para despertar interés.
- Su presencia empresarial en persona se extiende a su presencia empresarial en línea.
- Separe su cuenta personal de Facebook de su cuenta para negocios.
- Está bien publicar fotos de usted en el lago en un día laboral.
- Cada vez que a alguien le gusta o hace comentarios en sus mensajes, eso significa que alguien lo está mirando en el medio social.
- Cuando se comunique con alguien en los medios sociales, van a revisar su perfil, así que asegúrese de que tiene información pertinente.

Capítulo 16

PRÓXIMOS PASOS

¡Haga otros 90 días! En este negocio, sus primeros 90 días no empiezan necesariamente cuando usted firma los papeles. Comienzan cuando usted decide que lo que ha venido haciendo no está funcionando y hay que aprender a hacerlo de la manera correcta. A veces, nuestros egos se interponen en nuestro camino de ser couchables, y cuando nuestros lideres de la línea ascendente (uplines) ven eso, ellos renuncian a nosotros. ¡Bien, sí los miembros de su línea descendente (downlines) también se darán por vencidos!. Esperemos que puedas utilizar las habilidades en este libro para cambiar la forma de administrar su negocio y hacerlo rentable tan pronto como sea posible. Tome todos los consejos en este libro, junto con el sistema que sus líneas ascendentes han pasado años creando y duplicarlo a su equipo para asegurarse de que está en el camino hacia el éxito.

CRÉDITO Y ATRIBUCIÓN

Apple® y iPhone6s® son marcas registradas de Apple Inc.

www.ritetag.com es propiedad exclusiva de RiteTag y sus licenciantes.

"Facebook" es una marca registrada de Facebook, Inc.

El nombre y el logotipo de Instagram son marcas comerciales de Instagram.

Para todos los créditos y atribuciones, Todos los derechos reservados.

NOTAS

NOTAS

Ángel Olvera

Visita mi sitio web en www.angelolvera.com y deje su información para mantenerle informado acerca de futuros libros y entrenamientos.

También me puede contactar por correo electrónico a business@angelolvera.com

Si este libro fue de beneficio para usted, por favor envíeme un correo electrónico con su opinión y me comprometo a publicar la revisión completa que me haga llegar, inédita e inalterada de algún modo, en áreas de internet y en la impresión, donde las revisiones son relevantes.

Gracias por leer este libro y ¡nos vemos en la cima!